INTRODUCTION
À L'ANALYSE DU THÉÂTRE

Collection Lettres Sup

Lire

Lire le Romantisme (BONY)
Lire le Réalisme et le Naturalisme (BECKER)
Lire l'Humanisme (LEGRAND)
Lire les Femmes de lettres (AUBAUD)
Lire le Symbolisme (MARCHAL)
Lire la Nouvelle (GROJNOWSKI)
Lire le Théâtre contemporain (RYNGAERT)
Lire la Comédie (CORVIN)
Lire la Tragédie (COUPRIE)
Lire le Poème en prose (SANDRAS)
Lire le Classicisme (BLANC)
Lire la Poésie française du XXᵉ siècle (BRIOLET)
Lire le Roman policier (ÉVRARD)
Lire les Lumières (TATIN-GOURIER)
Lire le Baroque (CHAUVEAU)
Lire le Drame (TREIHLOU-BALAUDÉ)

Théorie et analyse des genres

Introduction aux grandes théories du roman (CHARTIER)
Introduction aux grandes théories du théâtre (ROUBINE)
Introduction à la poésie moderne et contemporaine (LEUWERS)
Introduction à l'analyse du roman (REUTER)
Introduction à l'analyse du théâtre (RYNGAERT)
Introduction à l'analyse du poème (DESSONS)

Ouvrages de préparation aux examens et concours

Introduction à la littérature comparée (CHAUVIN, CHEVREL)
Introduction à l'intertextualité (PIÉGAY-GROS)
Éléments de rhétorique et d'argumentation (ROBRIEUX)
Vocabulaire de l'analyse littéraire (BERGEZ, GÉRAUD, ROBRIEUX)
Précis de littérature française (BERGEZ et coll.)
Introduction à la poétique (DESSONS)
Introduction aux méthodes critiques pour l'analyse littéraire (BERGEZ et coll.)
Éléments de linguistique pour le texte littéraire (MAINGUENEAU)
Introduction à l'analyse stylistique (SANCIER, FROMILHAGUE)
Précis de grammaire pour les concours (MAINGUENEAU)
L'explication de texte littéraire (BERGEZ)
La dissertation littéraire (SCHEIBER)
L'atelier d'écriture (ROCHE et coll.)

INTRODUCTION
À L'ANALYSE DU THÉÂTRE

par JEAN-PIERRE RYNGAERT

DUNOD

En couverture

Deux Pierrots regardant dans une loge
Aquarelle sur papier brun
Sulpice Chevallier, dit Gavarni (1804-1866)
Musée du Louvre, Paris

Ph. Hubert Josse © Photeb.

Table des matières

COMMENTAIRES DE TEXTES

Avant-propos

La pratique scénique moderne accorde à nouveau une grande importance aux textes, et même l'édition de théâtre, longtemps mal en point, bénéficie d'un regain d'activité et d'une certaine curiosité en faveur des auteurs contemporains. Pourtant, les travaux dramaturgiques ne connaissent plus aujourd'hui la même faveur que dans les années soixante-dix. Ils ont sans doute été victimes d'un excès de confiance dans l'efficacité des procédés d'analyse du texte ou des accusations de dogmatisme. Il est cependant difficile de s'en tenir à une approche impressionniste des textes, de ne faire appel qu'aux réactions personnelles du lecteur et, par là, de nier tout apprentissage de la lecture.

L'étude des textes de théâtre a largement bénéficié des avancées théoriques de structuralisme et de la sémiologie. La spécificité du texte de théâtre est reconnue mais son approche reste problématique dans la pratique ordinaire, comme s'il fallait absolument bénéficier de la représentation pour que l'objet soit complet et satisfaisant. Ce qu'on appelle, parfois avec une intention maligne, «l'analyse litté-raire du texte» est ainsi récusée d'emblée et son discours invalidé pour cause d'un manque originel, la compétence en matière de représentation.

Nous avons choisi ici de ne jamais faire appel à des représenta-tions ayant existé, de ne jamais invoquer la scène pour expliquer ou justifier le texte. En revanche, toutes nos analyses des textes sont envisagées comme autant de pistes dont la scène aura à tenir compte ou qu'elle récusera, et sont entièrement tournées vers la pratique scénique à venir.

Nos commentaires ne visent pas à épuiser le texte par une approche savante ni à construire un discours érudit qui en donnerait l'épaisseur historique. Nous envisageons la lecture comme l'explo-

ration de différentes pistes, dont certaines concernent plus précisément le théâtre. C'est ainsi qu'une place importante est donnée à
l'espace et au temps, à une mise au point sur le personnage, à
l'apport récent de la linguistique dans l'approche du dialogue.
Chaque fois que cela était possible, nous avons largement utilisé les
recherches de ces dernières années, au risque de les simplifier ou de
renvoyer le lecteur à des études plus systématiques.

Les exemples font appel aux auteurs traditionnellement étudiés,
aux classiques français donc, mais ils s'étendent largement aux
écritures contemporaines, quitte à opérer quelques sauts
méthodologiques. Nous avons pensé qu'il était intéressant de con-
fronter les principes fondateurs de la dramaturgie et leurs avatars les
plus récents, en renvoyant l'étude des chaînons manquants à des
travaux historiques.

Il s'agit, en définitive, de renouveler l'appétit de lecture en
saisissant le texte de théâtre dans sa spécificité, sans la scène mais
dans la tension et le mouvement qui le projettent toujours vers une
scène à venir.

Qu'est-ce qu'un texte de théâtre ?

Introduction

«Le texte est une machine paresseuse qui exige du lecteur un travail coopératif acharné pour remplir les espaces de non-dit ou de déjà dit resté en blanc, (…) le texte n'est pas autre chose qu'une machine présuppositionnelle».

Ainsi Umberto Eco définit-il tout texte, et pas spécialement le texte de théâtre. Or, celui-ci a la réputation d'être une machine encore plus paresseuse que les autres, si l'on peut dire, à cause de sa relation équivoque avec la représentation. Anne Ubersfeld parle de «texte troué», plus troué en tout cas que les autres textes, puisqu'il présuppose un ensemble de signes non-verbaux avec lesquels ses signes verbaux entreront en relation dans la représentation.

Paresseux et troué, voilà deux adjectifs bien péjoratifs pour désigner d'emblée le texte de théâtre. Rien d'étonnant à ce qu'on le trouve difficile à lire. Ce statut de «machine paresseuse» renvoie la balle dans le camp du lecteur. A lui de trouver comment alimenter la machine et d'inventer son rapport au texte. A lui d'imaginer en quoi les «espaces vides» du texte demandent à être occupés, ni trop ni trop peu, pour accéder à l'acte de lecture, sinon pour rêver à une mise en scène virtuelle.

En posant le problème de la place du lecteur dans tout texte, Umberto Eco rappelle que la lecture exige toujours un travail d'actualisation de la part du destinataire. Dans le cas d'un texte dramatique, cette actualisation ne se confond pas avec la mise en scène qui est une tâche concrète et datée.

Le lecteur imaginaire, effrayé par le travail qui l'attend, risque d'être tenté par un raccourci en direction de la représentation, en se déclarant spectateur et non plus lecteur. Mais les relations que celle-ci entretient avec le texte, variables selon les époques, ne règlent pas tout. Elle n'a pas pour objet de boucher les trous du texte, et une représentation peut s'avérer aussi «paresseuse» qu'un texte en présentant d'autres vides.

Le texte et la représentation ont noué des relations complexes que la dramaturgie essaie de démêler. Elle s'attache, de l'intérieur du texte, à envisager les possibilités du passage à la scène, et, depuis la scène, à étudier les modalités de passage vers le public. Elle travaille donc à comprendre le statut de chaque texte et à en construire des représentations, réelles ou virtuelles.

I. Existe-t-il une spécificité du texte de théâtre ?

1. Ça n'est pas du théâtre !

Parmi les exclamations radicales entendues ces temps-ci aux sorties des salles de spectacles, celle-ci, qui laisse perplexe : «ça n'est pas du théâtre» et cette autre, plus souvent sous forme de question, «est-ce que c'est un texte de théâtre ?» ; ou, sous une forme plus directe «vous croyez vraiment que c'est jouable ?» Nous vient alors la nostalgie des poétiques dramatiques, d'Aristote à Brecht, en passant par l'Abbé d'Aubignac et Lessing, et même l'envie de quelque traité bien normatif qui résoudrait pour un temps nos incertitudes contemporaines. Car s'il est difficile de proposer aujourd'hui un modèle de texte construit selon des règles, il continue à régner des idées reçues sur ce que *doit* être un texte de théâtre.

Quand on croyait encore à la toute puissance du texte, «la pièce bien faite» du XIXe siècle (l'expression est attribuée à E. Scribe) proposait une démonstration de virtuosité fondée sur un art de la composition dramatique qui devait beaucoup aux recettes du métier et à la certitude qu'il fallait que «ça marche» sur le spectateur. Mais l'expression n'est pas exempte d'ironie. Il en est des pièces trop bien faites comme des recettes trop voyantes, leurs ficelles finissent par se retourner contre leurs auteurs.

«Faire théâtre de tout», selon la belle formule du metteur en scène Antoine Vitez, laisse comprendre que le matériau en amont de la scène, donc le texte, est transformable. Vitez aimait pourtant les «grands textes», mais la formule a été interprétée diversement. Faire théâtre de tout, c'est pouvoir faire du théâtre de rien, ou de pas grand chose. Quand la mise en scène s'affirme toute-puissante, la nature du texte perd en importance. Pendant un vingtaine d'années, en gros des années 60 aux années 80, le spectacle l'a emporté sur le texte ; la théâtralité s'est cherchée ailleurs que dans l'écriture théâtrale. Il n'y avait plus besoin d'y répondre, puisque la scène se déclarait capable de pallier les manques du texte, et les metteurs en scène de monter toute écriture, quelle que soit sa provenance.

C'était sans doute salubre, puisque l'idée de perfection, ou même de normes en matière de texte dramatique, ne produit plus rien de vivant. Pourtant, le désir de définir d'un point de vue théorique une sorte de principe du texte de théâtre revient avec la nostalgie des textes «à l'ancienne».

On n'échappe pas à la perspective historique, les définitions du texte de théâtre s'établissant dans des contextes esthétiques diffé-rents, en fonction de nouvelles idées qu'on se fait de la pratique. Nous nous limiterons ici à poser quelques grands axes de réflexion qui continuent à alimenter les débats puisque, on l'a compris, nous ne donnerons pas de définition normative du texte du théâtre.

2. Les genres

L'histoire littéraire s'intéresse à l'évolution des genres théâtraux. Le classement des œuvres par genres est une préoccupation des doctes du XVIIe siècle, très occupés à réglementer l'écriture. Ils suivent en général les définitions qu'en donne Aristote dans sa *Poétique*.

> Ainsi : pour la tragédie :

> > «imitation d'une action noble, conduite jusqu'à sa fin et ayant une certaine étendue (…) et qui par l'entremise de la pitié et de la crainte, accomplit la purgation des émotions de ce genre.»

Ces définitions sont assez ouvertes, et les traductions assez incertaines (ainsi, purgation pour *catharsis*) pour que toutes les gloses soient autorisées. Auteurs et critiques se passionnent pour les débats théoriques chaque fois qu'une œuvre s'écarte des normes qui ont été fixées, surtout quand elles permettent l'interprétation. On se sou-vient de la Querelle du *Cid* et par exemple de la justification de Racine, dans sa Préface de *Bérénice* :

> > «Ce n'est point une nécessité qu'il y ait du sang et des morts dans une tragédie : il suffit que l'action en soit grande, que les acteurs en

soient héroïques, que les passions y soient excitées, et que tout s'y ressente de cette tristesse majestueuse qui fait tout le plaisir de la tragédie.»

Les grands auteurs respectent les genres en apparence mais ils aiment en explorer les limites comme s'ils réinventaient à chaque fois des formes plus subtiles ou s'ils jouaient avec la liberté de l'écriture. Un des plaisirs du classicisme est d'ordonner le monde en le nommant, puis de s'interroger sur le bien-fondé des catégories adoptées. Corneille écrit dans son *Premier Discours* en parlant de la tragédie et de la comédie, et en cela il suit parfaitement Aristote :

> «La différence de ces deux espèces de poèmes ne consiste qu'en la dignité des personnages et des actions qu'ils imitent, et non pas en la façon de les imiter, ni aux choses qui servent à cette imitation.»

Les genres ne concernent pas seulement les formes de l'écriture, mais, par le biais des personnages en action, la nature des sujets traités. Impossible de parler de tout, n'importe où. La tragédie est officiellement le genre le plus prisé parce qu'il renvoie aux spectateurs une image noble d'eux-mêmes. La Cour de Louis XIV ne se prive pas d'oublier Aristote en assistant aux pièces à machines et aux ballets, aux spectacles baroquisants où triomphe le luxe décoratif.

Dans les années 1630, les auteurs ont largement recours à un «genre moyen», la tragi-comédie, très à la mode, et dans une moindre mesure, à la pastorale, importée d'Italie. La tragi-comédie autorise, comme son nom l'indique, une sorte de «mélange des genres» avant la lettre, en réunissant des personnages nobles et des personnages bas dans la même action ou dans des actions parallèles. La pastorale développe sur le mode lyrique des motifs amoureux, des rencontres et des disputes de bergères et de bergers trop occupés à développer leurs états d'âme amoureux pour se soucier de leurs moutons. En fait, en ce qui concerne strictement la dramaturgie, il n'est pas sûr que les auteurs classiques accordent une si grande importance aux genres, tout au moins du point de vue de la technique d'écriture.

Il est d'ailleurs difficile de comprendre les motifs de l'appellation de certaines œuvres. Pourquoi, par exemple, *Le Cid* s'intitule-t-il tragi-comédie et *Dom Juan* comédie, à moins que ce ne soit parfois pour protéger leur sujet derrière une étiquette en apparence moins ambitieuse ?

Le Moyen Age ne s'embarrassait pas de telles mises en ordre et ne distinguait pas les genres. Mystères, miracles, farces, soties, moralités, se côtoient et il n'est pas rare qu'un drame religieux comporte des moments de farce. Dans le foisonnement du théâtre en plein développement, tous les sujets et tous les personnages se croisaient. Dans un mystère, le public pouvait rire des facéties des diables de l'Enfer et s'émouvoir quelques tableaux plus tard des paroles du Christ.

L'esthétique romantique du drame telle que Hugo la conçoit manifeste une ambition totalisante, en réaction contre le monde trop bien organisé des classiques et l'ostracisme qui pesait sur certains sujets. Il s'agit de tout mettre sur le théâtre, sans se limiter à la vérité historique, mais en la dépassant et en la sublimant. Il écrit dans sa préface à *Marie Tudor* en 1833 :

> «Ce serait le mélange sur la scène de tout ce qui est mêlé dans la vie (…) ce serait le rire ; ce serait les larmes ; ce serait le bien, le mal, le haut, le bas, la fatalité, la providence, le génie, le hasard, la société, le monde, la nature, la vie ; et au-dessus de tout cela on sentirait planer quelque chose de grand !».

On ne saurait exprimer davantage d'ambition en matière de théâtre ni manifester à quel point les genres qui existaient, limitaient l'inspiration de l'écrivain dans tous les domaines.

Les débats sur les genres, à travers ces quelques exemples, dépassent de loin les querelles strictement formelles, auxquels on les assimile parfois. Ce qui est en question n'est pas seulement *comment* le théâtre parle, mais surtout *de quoi* il s'autorise à parler, quels sujets il aborde. Du théâtre intime au grand théâtre du monde, du théâtre de chambre au drame historique, les changements de «format», les origines des personnages, l'organisation du récit et la nature de l'écriture correspondent à des projets des auteurs, inévitablement traversés par l'histoire et par les idéologies.

Le théâtre contemporain, pour sa plus grande part, ignore les genres. Les auteurs écrivent des «textes», rarement étiquetés comme comiques, tragiques ou dramatiques. On peut y voir l'affranchissement du théâtre qui entend parler de tout librement dans les formes qui lui conviennent, un héritage du droit au «sublime et au grotesque» venu du XIXe siècle. On peut aussi y déceler un trouble de l'écriture, une incertitude sur sa nature, comme si le genre théâtral, de moins en moins spécifique, abritait désormais tous les textes passés par la scène, qu'ils lui soient destinés ou non.

3. Imiter des gens qui font quelque chose

Tout commence avec la notion d'action. Aristote retient ce critère pour distinguer la tragédie de l'épopée et précise qu'il est possible d'imiter : «tantôt en racontant (que l'on adopte une autre identité (…) ou que l'on reste le même) ou bien ceux qui imitent, imitent tous les gens en train d'agir et de réaliser quelque chose.»

On appelle donc drame une œuvre qui «imite des gens qui font quelque chose» et épopée une œuvre qui imite par une «narration».

Cette distinction n'est pas aussi simple qu'elle en a l'air, puisque si la plupart des textes de théâtre prévoient, au besoin dans les didascalies, des actions qu'accomplissent les personnages au présent sur la scène, des récits prennent en charge les actions passées ou devant se dérouler hors-scène. Dès les origines, cette notion d'action n'est pas toujours facilement identifiable, même s'il est admis d'un point de vue théorique que le théâtre raconte par l'action. Roland Barthes, analysant la structure de la tragédie grecque, souligne cette difficulté :

> «… Cette structure a une constante, c'est-à-dire un sens : l'alternance réglée du parlé et du chanté, du récit et du commentaire. Peut-être, en effet, vaut-il mieux encore dire «récit» qu'«action» ; dans la tragédie (du moins), les épisodes (nos actes) sont loin de représenter des actions, c'est-à-dire des modifications immédiates de situations ; l'action est le plus souvent réfractée à travers des modes intermédiaires d'exposition qui la distancient en la racontant ; récits (de bataille ou de meurtre) (…) ou scènes de contestation verbale (…) On voit ici poindre le principe de dialectique formelle qui fonde ce théâtre : la parole exprime l'action mais aussi elle lui fait écran : le «ce qui se passe» tend toujours au «ce qui s'est passé».

> (Le théâtre grec, *Histoire des spectacles*).

Nous verrons l'intérêt et l'ambiguïté de ce double statut de la parole à propos de l'énonciation au théâtre. Même si l'on distingue le messager-personnage qui agit en racontant, en délivrant son message, du récitant sans statut de personnage, qui ne fait que dire sans «agir» à l'intérieur d'une fiction, la frontière est parfois fragile entre les deux.

La mise en scène moderne a de plus en plus pris en charge ce qui était de l'ordre de «l'agir», en faisant accomplir au personnage des tâches diverses dans la représentation, même si elles sont sans lien direct avec ce qu'il dit. Il n'est pas rare de voir des spectacles où un personnage se livre à un très long monologue alors que parallèlement il accomplit des travaux ménagers ou culinaires sans rapports apparent avec son discours. Il y a bien «action» sur scène mais celle-ci ne vient pas d'une évidente nécessité inscrite dans le texte.

La vogue du théâtre-récit des années soixante-dix a contribué à diminuer l'importance de l'adaptation spécifique d'un texte pour le théâtre. Très souvent, des morceaux de romans étaient directement mis en scène, sans qu'il y ait eu adaptation, c'est-à-dire sans que des marques scripturales particulières soient prévues. Vitez monta ainsi *Catherine,* un fragment des *Cloches de Bâle* d'Aragon, pris tel quel, autour d'une table où se déroulait un repas. Des interférences se créaient entre le texte du roman et l'activité des acteurs qui utilisaient le déroulement du repas pour se donner du jeu.

Cette dissociation entre le «dire» et le «faire» et la méfiance pour toute redondance, confirme que le «faire» est ressenti comme appartenant à la scène et qu'il importe de moins en moins que le texte envisage ou programme des actions à accomplir, surtout si celles-ci ne créent aucune fracture entre le texte et le jeu.

Le critère de l'action demeure pertinent d'un point de vue théorique. Il ne permet guère de distinguer clairement un texte de théâtre d'un autre texte dans les pratiques modernes d'écriture, la prééminence de l'action scénique rendant caduque l'éventuelle bonne volonté d'un auteur soucieux de prévoir en amont de la représentation les actions de ses personnages. On peut dire que la façon dont son texte sera «agi» ne lui appartient plus guère et que même s'il écrit spécifiquement pour le théâtre, ce qu'on attend de lui est plutôt un «texte», sans autres précisions.

4. Des sources de paroles diversifiées et nommées

Parmi les origines réelles ou mythiques du théâtre figure celle que l'on attribue à Thespis qui introduisit le dithyrambe en Attique vers 550 avant J.-C. Ce poète lyrique aurait été le créateur de la tragédie en adjoignant un premier acteur à l'ancienne structure strictement chorale, et en «inventant» donc le dialogue entre l'acteur et le chœur.

Les historiens situent les origines du théâtre médiéval français dans l'adjonction de *tropes*, textes venant se greffer sur la liturgie en développant le passage primitif selon une mélodie propre. Le plus ancien daterait du milieu du Xe siècle et s'ajouterait à *l'introït* de la messe de Pâques. Voyant approcher les saintes femmes du tombeau du Christ, l'ange s'adressait à elles : «Que cherchez-vous ?» Elles répondaient «Jésus de Nazareth» et l'ange répondait «Il n'est pas ici, il est ressuscité comme il l'avait prédit». On s'accorde à voir dans ce trope dialogué l'indice d'une première dramatisation.

Ces deux exemples sont confirmés par l'idée reçue que le théâtre est avant tout *dialogue,* c'est-à-dire que la parole de l'auteur y est masquée et partagée entre plusieurs émetteurs distincts. Ces paroles en action assumées par des personnages constituent l'essentiel de la fiction.

Nous verrons à propos de l'énonciation qu'il en est effectivement ainsi la plupart du temps et que le théâtre se donne des faux airs de conversation. Cependant, le dialogue n'est pas un critère absolu du caractère «dramatique» d'un texte. Dans toute l'histoire du théâtre, les auteurs font un très large usage du monologue, et en examinant certaines tragédies de la Renaissance ou certaines œuvres classiques, on peut se demander, à la longueur des tirades, s'il est encore possible de parler d'échange verbal entre des personnages dont les «répliques» comprennent pas loin d'une centaine de vers.

En fait, tout le jeu du dialogue est truqué par la présence d'un interlocuteur de taille, le public, auquel il est bien tentant d'attribuer une place capitale de partenaire muet à qui, en définitive et comme nous l'analyserons à propos de la double énonciation, tous les discours s'adressent.

Plusieurs formes théâtrales anciennes l'attestent, les auteurs omettent souvent de s'adresser au public par ricochet, et le privilégient au contraire comme interlocuteur direct. C'est le cas de toutes les formes monologuées du Moyen Age et des traditions populaires de bonimenteurs, de toutes les écritures qui utilisent un récitant, des usages divers des apartés et autres confidences glissées plus ou moins discrètement vers le public.

Le dialogue est surtout moins ressenti comme indispensable au texte de théâtre depuis que Brecht a théorisé les formes épiques d'écriture dans lesquelles les personnages et les acteurs s'adressent régulièrement au public sous forme de «songs», d'adresses, d'avertissements, de récits. Brecht entendait clarifier l'opposition du dramatique et de l'épique, en introduisant une ligne de partage. Dans la forme épique, il est courant de prendre directement la salle à témoin sans passer par le simulacre d'un dialogue, sans faire semblant d'ignorer la présence du public.

Dans ce qu'on pourrait appeler le «dramatique pur», la présence du public est oubliée et niée, tout ce qui se dit et ce qui se joue ne concernant que les personnages et eux seuls, sans le moindre souci d'une information minimale du public. Cette forme n'est pas envisageable telle quelle au théâtre, mais on peut en surprendre des exemples dans la vie. Ainsi, dans un restaurant, une violente altercation qui opposait deux femmes et deux serveuses ne nous laissa rien ignorer du *dialogue*, mais celui-ci ne nous fournit jamais le moindre renseignement sur les origines du conflit, les enjeux et les responsabilités. Pour les protagonistes, nous étions réellement absents.

La forme épique pure choisit comme interlocuteur unique et privilégié le spectateur. Le récital, les spectacles de monologuistes comme Raymond Devos ou Guy Bedos tendent vers ce modèle. Ils introduisent cependant du dramatique par des effets de dédoublement de celui qui parle et qui finit donc par nous prendre à témoin d'un dialogue, même s'il a commencé par nous en raconter les circonstances ; ou encore, l'acteur choisit comme partenaire *un* spectateur, les autres restant spectateurs d'un faux dialogue entièrement mené par un protagoniste.

Dans la plupart des cas, le théâtre oscille, dans des proportions variables, entre le dramatique et l'épique, selon le statut du spectateur. Il ne peut jamais se dispenser totalement de raconter, même par l'intermédiaire du dialogue.

Les formes d'écritures post-brechtiennes brouillent l'ancienne certitude qui faisait du dialogue une des clefs du théâtre. Même les auteurs dont l'idéologie n'a rien à voir avec celle de Brecht lui sont redevables d'un héritage. En posant radicalement la présence du spectateur, en s'adressant à lui sans complexes, Brecht rouvrait la porte à tous ceux qui étaient tentés par le théâtre sans vouloir être totalement soumis à l'écriture dialoguée.

L'écriture moderne s'intéresse aux limites. Du côté de l'épique, les auteurs ont accueilli ou redécouvert l'art du conteur, les anciennes traditions orales qui faisaient de l'acteur un diseur, les influences orientales. Du côté du dramatique, les auteurs ont exploré des dialogues maintenant le spectateur en situation de sous-information, faisant mine d'ignorer sa présence, lui laissant la responsabilité de réinventer son statut en lui fournissant une part d'invention dans l'imaginaire.

Du côté des limites encore, l'écriture interroge l'ancienne routine de celui qui parle et de celui qui écoute en pervertissant les schémas traditionnels de l'énonciation.

Ajoutons à cela les conditions économiques qui font que les textes pour un seul acteur se sont multipliés ces dernières années au point qu'en termes de création contemporaine il s'est presque agi d'une esthétique, d'un «théâtre à une voix» où un personnage ne cesse de se confier à tous ceux qui veulent l'entendre.

Il est difficile, donc, de faire du dialogue le critère absolu de l'écriture théâtrale. C'est vrai en théorie, mais il est impossible d'exclure du champ du théâtre un texte non dialogué. Dans ce domaine, comme dans celui de l'action, certains auteurs ont peut-être abandonné au metteur en scène, ne serait-ce que de manière inconsciente, la décision de la distribution de la parole entre les protagonistes, ou en direction du spectateur, en pensant que la scène se débrouillerait toujours en définitive pour que le texte parle à quelqu'un. Responsabilité exorbitante, comme nous le verrons, que de décider en définitive «qui parle à qui et pourquoi» dans un système d'écriture où toute parole est toujours en quête de destinataire.

5. Agir sur le spectateur

Les grandes périodes de l'histoire du théâtre se sont illustrées par un projet idéologique, défini par les auteurs ou par les théoriciens. Ce projet prend sa source dans l'écriture, même s'il est relayé ensuite par la scène. Aristote insiste sur ce point à propos de la *catharsis* (généralement traduite par «purgation des passions») qui naît de la crainte et de la pitié :

> «La crainte et la pitié peuvent bien sûr naître du spectacle, mais elles peuvent naître aussi de l'agencement même des faits accomplis, ce qui est préférable et d'un meilleur poète. Il faut en effet agencer l'histoire de telle sorte que, même sans les voir, celui qui entend raconter les actes qui s'accomplissent, frissonne et soit pris de pitié devant les événements qui surviennent (...) Produire cet effet au moyen du spectacle ne relève guère de l'art et ne demande que des moyens de mise en scène.»

Aristote, qui détaille ensuite ce qui peut être raconté pour «plaire», met donc en avant les événements de la fable et leur agencement tel qu'il est prémédité par le poète dans la façon d'agir sur le spectateur.

Les moyens de mise en scène dont il est question traduisent ici littéralement une «chorégie», c'est-à-dire les frais engagés par le chorège pour monter la pièce.

En termes modernes, la dramaturgie du texte englobe les techniques d'écriture et ce qui est raconté aussi bien que l'effet escompté sur le spectateur.

L'identification indispensable à la catharsis prend ses racines dans l'écriture et commence avec la crédibilité de l'œuvre théâtrale. Aucune imperfection de «l'imitation» ne devrait empêcher le spectateur de croire à ce qu'on joue devant lui.

La doctrine classique se réfère à Aristote. Il faut «instruire et plaire» et convaincre le spectateur en suivant la «nature», et pour cela respecter les règles de la vraisemblance et de la bienséance.

Un célèbre contre-exemple suffit à confirmer comment le rapport au spectateur s'envisage déjà dans l'écriture. Brecht, en développant la théorie du théâtre épique, fait un large place à la transformation des techniques scéniques et au jeu de l'acteur, notamment pour obtenir l'effet de distanciation. Il est difficile de séparer avec rigueur ce qui est de l'ordre du texte et ce qui est de l'ordre de la scène dans le projet brechtien. Cependant, dans les grandes oppositions entre la forme dramatique du théâtre et la forme épique du théâtre, certaines concernent directement l'écriture.

Ainsi, la forme épique est «narration», procède par «argumentation» plutôt que par «suggestion». Dans la conduite du récit, Brecht cherche «l'intérêt passionné pour le déroulement» plutôt que pour le «dénouement». Chaque scène est traitée pour soi, l'effet de montage, le «déroulement sinueux» de la fable qui procède par «bonds» ont pour objet de mettre le spectateur devant quelque chose et de le faire réagir, plutôt que de le laisser en proie aux sentiments.

La dramaturgie brechtienne cherche la plus grande cohérence possible entre le texte et son passage à la scène, de telle façon que la relation au spectateur qui est l'objectif principal ne soit jamais perdue de vue.

En revanche, l'écriture théâtrale contemporaine exprime une méfiance pour tout projet didactique, pour toute intention déclarée d'action sur le spectateur. La tendance aux œuvres «ouvertes», la réflexion sur la liberté du spectateur et sur sa démarche de réception rendent les auteurs avares de déclarations fermes sur leurs intentions. Il n'y a plus guère d'écoles ni même de chapelles, peu de manifestes.

Les idéologies s'expriment moins et peu de gens de théâtre pensent de nos jours au public comme à un tout homogène. On parle d'ailleurs de préférence des publics au pluriel. Du reste, il n'existe plus de grands rassemblements comparables à ceux que suscitait le théâtre grec ou même les mystères médiévaux. L'écriture est trop soumise aux aléas de la production pour que, d'une manière générale, l'auteur envisage d'écrire pour un public déterminé et d'avoir une action sur celui-ci.

Il est donc impossible aujourd'hui, semble-t-il, de définir des caractéristiques absolues de l'écriture théâtrale, tout au moins de manière théorique. Les critères que nous venons d'aborder restent cependant utiles pour mesurer les évolutions des textes et les situer dans une perspective historique. Le théâtre aujourd'hui accueille tous les textes, quelles que soient leurs provenances, en abandonnant à la scène la responsabilité d'en faire apparaître la théâtralité et, la plupart du temps, le soin au spectateur d'y trouver sa nourriture. L'écriture théâtrale y a gagné en liberté et en souplesse ce qu'elle perd parfois en identité.

II. Le texte peut-il se passer de représentation ?

1. L'équivoque de la représentation au secours du texte

C'est une pratique désormais courante, dans l'étude du texte, de se référer à la représentation comme à une partie manquante qui viendrait expliquer le texte et l'éclairer.

Des enseignants complètent les analyses de textes de théâtre par des sorties au spectacle, ou, faute de mieux, par des enregistrements vidéo de mises en scènes, par des documents photographiques. Par réaction contre l'analyse littéraire traditionnelle, l'accent est légitimement mis sur la dimension visuelle qu'apporte une représentation.

Ceci n'est pas toujours sans ambiguïté. Des films proposent *Le Bourgeois gentilhomme* ou *Les Fourberies de Scapin* comme si le texte était un scénario et que l'œuvre authentique se présentait désormais sous forme cinématographique. Dans ce cas, ce qui ne devrait être, faute de mieux, qu'une information sur le théâtre, se présente parfois comme du théâtre, voire comme *le* théâtre, et contribue à maintenir le texte dans un état de dépendance tout en entretenant l'équivoque. Il suffirait, somme toute, de donner à voir n'importe quelle représentation pour qu'elle apparaisse comme la partie manquante attendue et que l'objet ait l'air d'être enfin complet.

Certains spectacles ne prolongent de fait qu'une tradition discutable de l'analyse du texte de théâtre qui s'est donnée pour tâche de faire apparaître un unique sens à l'œuvre. Les approches multiples une fois verrouillées, l'intérêt de la représentation est minimisé au point de ne passer que pour le prolongement univoque de l'étude littéraire, l'illustration fade, la traduction corporelle et visuelle qui n'apporte – et pour cause – rien de nouveau à ce qui était dit. Dans ce cas, la boucle est bouclée. Le texte est expliqué, modernisme oblige, par la représentation, mais celle-ci n'explique rien si ses codes convenus sont eux-mêmes établis à partir d'une tradition désuète.

Rappelons, s'il en est besoin, que l'analyse du texte et l'analyse de la représentation sont deux démarches différentes, même si elles sont complémentaires. Aucune représentation n'explique miraculeusement le texte. Le passage du texte à la scène correspond à un saut radical. Bien sûr, le spectateur éprouve le besoin et le plaisir de retourner au texte, comme le lecteur d'assister à une représentation. Mais les nombreux liens qui existent entre le texte et la scène ne peuvent se satisfaire de l'illusion mécaniste d'une simple complémentarité. Nous le verrons, leurs relations, les «frottements» entre la parole et le jeu, sont complexes, et parfois conflictuelles.

2. Directement du texte à la scène

L'établissement de la dramaturgie du texte constitue une étape ordinaire du travail de mise en scène. Beaucoup de metteurs en scène s'en méfient pourtant aujourd'hui. Dans la préparation du passage à la scène, les réseaux de sens que le travail dramaturgique établit et entre lesquels il s'agit de choisir, apparaissent comme un risque de fermeture, comme une limitation de la représentation à venir à cause de l'installation de trop de garde-fous.

Le travail sur le plateau apporte un autre regard sur le texte, celui d'une pratique immédiatement préoccupée par l'espace et le corps, un changement de dimensions dont les découvertes renvoient ultérieurement au texte. Beaucoup de metteurs en scène renoncent au «travail à la table», à ces prémisses des répétitions qui consistent en lectures et en réflexions dramaturgiques, en échanges autour des «intentions» de la mise en scène.

Ainsi, Antoine Vitez, et il n'est pas le seul, proposait-il de «faire tout de suite» en ignorant la barrière des savoirs et des apprentissages. La mise en jeu immédiate du texte, sans réflexion préalable collective, déclenche les imaginaires et libère des énergies que l'on retrouvera plus tard en représentation. Antoine Vitez était un trop grand amoureux des textes pour qu'on puisse le soupçonner de ne pas leur donner toute leur place. Dans cette conception moderne des répétitions, le texte n'est pas minimisé ou rejeté, mais il est immédiatement lié au travail de l'acteur, sans qu'existe aucun préalable à ces multiples essais.

Peter Brook raconte avec humour dans *L'Espace vide* comment il avait préparé avec le plus grand soin sa première mise en scène, envisageant les répétitions, pour se rassurer, comme une sorte d'application de son cahier de régie, et découvrant ensuite la réalité et les avatars du travail collectif.

Bien entendu, ces metteurs en scène ont lu les textes avant les répétitions et les connaissent parfaitement ! Ce qu'ils proposent sur le plateau est une sorte d'autre mode de lecture, des séances d'essai et de déchiffrement, de tâtonnements et d'expérimentations.

Ces pratiques ont modifié l'idée qu'on se faisait de l'ordre immuable de l'approche du texte, et souligné qu'il existait une relation *directe* entre le texte et la scène, en tout cas que la scène ne venait pas toujours *après* le texte, comme une illustration ou un prolongement, mais que les tentatives de saisie pouvaient se faire dans le même mouvement. Quitte à ce que des retours au texte et un travail à la table en cours de répétitions fassent appel à nouveau à une approche plus systématique ou plus savante.

Cette évolution du travail de répétitions dissipe une équivoque : répéter ne consiste pas vraiment à «répéter», c'est-à-dire à ressasser de manière immuable un projet contenu dans le texte, mais plutôt à chercher, à se livrer à divers modes d'essayage du texte en jeu. La plus grande difficulté de la mise en scène est dans l'apprentissage des choix et surtout des renoncements.

Aucune mise en scène, aussi réussie soit-elle, n'épuise le texte et il n'est pas rare de rencontrer des acteurs qui préfèrent les répétitions à la représentation, comme si cette dernière s'accompagnait de la perte de toute une gamme de possibles. Un metteur en scène abandonne des directions autant qu'il en choisit. Il lui faut renoncer à des pistes rencontrées dans le travail, fermer des chantiers longtemps ouverts, renoncer à des filons qui l'entraînent trop loin de ses bases.

3. Le théâtre dans un fauteuil

Par cette formule provocatrice on désigne un théâtre qui ne serait pas destiné à la représentation mais à la lecture et qui aurait d'emblée fait son deuil de tout prolongement vers la scène.

L'expression, qui vient du théâtre de Musset (*Spectacle dans un fauteuil* en 1832), s'applique historiquement à des œuvres romantiques et par extension à tout théâtre réputé «injouable», c'est-à-dire dont l'écriture ne correspond pas aux normes de représentations de son époque. Une œuvre longue, complexe, avec de nombreux personnages, des changements de décor incessants et un «style poétique» est ainsi renvoyée à la lecture et comme interdite de représentation.

Paradoxalement, ce sont souvent des œuvres en rupture avec le code scénique de leur temps, jamais jouées ou alors de manière peu satisfaisante, dont les mises en scène sont aujourd'hui les plus intéressantes. Comme si ces «monstres» qui résistaient à la scène ou ne s'en préoccupaient pas était l'objet d'une sorte de défi. *Lorenzaccio* de Musset, *Le Soulier de satin* de Claudel, œuvres foisonnantes et complexes, sont aujourd'hui l'objet de mises en scène passionnantes ou de redécouvertes.

La notion de théâtre «à lire» pour cause d'impossibilité scénique n'existe plus. Maurice Blanchot, Edmond Jabès, qui ne passent pourtant pas pour des dramaturges, viennent ainsi d'être l'objet de beaux spectacles mis en scène par P.A. Villemaine.

La scène n'impose plus de normes à l'écriture ; au contraire, comme nous le verrons, toute écriture peut devenir prétexte à jeu, la plus résistante ou la plus imprévue n'étant pas la moins recherchée.

4. L'auteur et l'édition

Puisqu'il est possible de prendre connaissance d'un texte de théâtre autrement que par la lecture, son édition et sa diffusion (quand il est édité) ne suivent pas toujours les circuits ordinaires du livre. Pour la même raison, et peut-être aussi à cause de son histoire, le statut de l'auteur de théâtre demeure aujourd'hui particulier.

Pendant longtemps, l'absence d'impression et l'usage oral du texte tirent de l'auteur un personnage collectif et indéterminé. On ne sait pas, de source sûre, qui sont les auteurs des mystères médiévaux ni de beaucoup des farces parvenues jusqu'à nous. Des revues sérieuses se demandent même périodiquement si Shakespeare était bien Shakespeare ou si Molière ne sous-traitait pas avec Corneille. Au-delà des polémiques qui ne nous concernent pas, il y a là le symptôme d'une crise d'identité du dramaturge, personnage d'autant plus équivoque, quand il développe, comme Molière, plusieurs compétences, celles d'auteur, de comédien et de chef de troupe. Trouvait-il le temps, se demande-t-on hypocritement, d'écrire des chefs d'œuvre alors qu'il lui fallait jouer régulièrement et faire vivre sa troupe ? En d'autres termes, pouvait-il sérieusement s'occuper du texte alors qu'il avait en charge la représentation ?

Un autre statut de l'époque est celui de «poète à gages», comme le fut par exemple Jean Rotrou dans les années 1630 à l'Hôtel de Bourgogne. Dans ce cas, l'auteur travaille en grande partie à la commande et en exclusivité pour une troupe qui paie à la pièce. Directement pour la scène et souvent dans l'urgence, ce qui lui garantit le fait d'être joué, mais ne lui donne guère d'autorité sur la durée et la pertinence des représentations, ni de pouvoir concernant l'édition de son œuvre.

Les textes étaient imprimés seulement après que la troupe avait tiré bénéfice des premières séries de représentations, parfois plusieurs années plus tard, le chef de troupe retardant d'autant plus l'échéance qu'il perdait alors le statut d'exclusivité et que la pièce pouvait être jouée par ceux qui le désiraient.

L'œuvre n'avait donc guère de chances d'être révélée indépendamment d'une représentation. Le manuscrit était transmis directement aux acteurs par l'auteur. On comprend mieux pourquoi fleurirent à cette époque les éditions pirates, imprimées à l'étranger et parfois fautives, établies à partir du texte entendu à la représentation. Au moins la pièce publiée trouvait-elle des lecteurs, les beaux esprits de l'époque se réjouissant d'accéder au texte s'ils n'avaient pu voir le spectacle.

Ce détour par l'histoire pose quelques problèmes encore d'actualité. On distingue encore l'acte d'écrire pour la scène de l'acte d'écrire tout court, comme s'il existait un statut différent pour l'auteur de théâtre. L'édition du texte de théâtre demeure un circuit particulier, à la diffusion irrégulière, malgré des progrès récents, les efforts des auteurs et de quelques éditeurs.

Parfois, des textes contemporains n'étaient pas édités parce qu'ils avaient déjà été joués, et que la pratique française les considère comme «usés» pour longtemps sur le marché professionnel. La pratique inverse consiste aujourd'hui à éditer surtout les textes au moment où ils sont joués, ce qui garantit une vente minimale. Quant à la presse, elle s'intéresse peu à l'édition théâtrale et réserve ses compte-rendus aux représentations.

La situation faite aux auteurs de théâtre est souvent paradoxale, notamment à ceux qui n'ont pas encore été joués parce que leur œuvre n'est pas connue. Ils voudraient évidemment qu'elle soit diffusée par le circuit de l'édition mais elle l'est d'autant moins qu'ils n'ont pas encore été joués !

Les relations compliquées entre le texte et la scène se font sentir aussi dans le domaine de l'édition. Faut-il rappeler que le théâtre est une pratique sociale ?

5. Le texte comme potentiel de jeu

Un bon texte de théâtre est un formidable potentiel de jeu. Ce potentiel existe indépendamment de la représentation et avant celle-ci. Elle ne vient donc pas compléter ce qui était incomplet, rendre intelligible ce qui ne l'était pas. Il s'agit plutôt d'une opération d'un autre ordre, d'un saut radical dans une dimension artistique différente, qui éclaire parfois le texte d'un jour nouveau et qui parfois l'ampute ou le ferme cruellement. Une mauvaise mise en scène d'un texte contemporain le pénalise pour longtemps, sinon pour toujours, puisqu'il ne jouit pas de la réputation de chef-d'œuvre qui le protégerait et qu'il est difficile de démêler les responsabilités d'un échec.

Retenons deux modes d'approche du texte, aucune n'étant totalement satisfaisante. La mise en jeu immédiate du texte dans l'espace révèle des dimensions qui échappent à l'approche analytique, plus systématique et moins inventive. Celle-ci, en revanche, met en lumière des réseaux de sens et des particularités qui ne seront pas tous activés par la représentation, soit parce qu'elle n'en fait pas le choix, soit parce qu'elle n'a pas les moyens d'en rendre compte, car il arrive aussi que le texte échappe à la scène. Ces deux approches se complètent ou se contredisent et n'obéissent pas forcément à un ordre chronologique exemplaire.

Lire le texte de théâtre est une opération qui se suffit à elle-même, hors de toute représentation effective, étant entendu qu'elle ne s'accomplit pas indépendamment de la construction d'une scène imaginaire et de l'activation de processus mentaux comme dans n'importe quelle pratique de lecture, mais ordonnés ici dans un mouvement qui saisit le texte «en route» vers la scène.

III. Le théâtre peut-il se passer de texte ?

1. Le corps contre le texte

Les années 1960 ont vu le retour d'une utopie, celle de la prééminence d'une théâtralité ancrée dans le corps et dans l'imagination de l'acteur. Le «théâtre à texte» est alors suspecté de propager une culture morte et ronronnante, dans la droite ligne de valeurs tour à tour dénommées littéraires et bourgeoises. La mise en question radicale du répertoire et des «classiques» qui en constituent l'ossature rendit alors suspect tout texte de théâtre, même contemporain, au point que les auteurs vivants ont eu encore davantage de difficultés à être joués pendant cette période. C'est le corps et ses forces secrètes et profondes qui doivent gouverner le théâtre, pense-t-on. Le *Living Theatre* aux États-Unis puis en Europe, *Grotowski* en Pologne, et derrière eux beaucoup des partisans de la création collective, s'abandonnent au vertige de l'improvisation en se recommandant parfois d'Antonin Artaud. Celui-ci avait rêvé d'une resacralisation de la représentation, d'une élimination du texte au profit du geste et du mouvement, d'un contact direct entre le créateur démiurge et la scène :

> «Pour moi nul n'a le droit de se dire auteur, c'est-à-dire créateur, que celui à qui revient le maniement direct de la scène».

> (*Le Théâtre et son Double*)

L'abandon du texte correspond dans les années soixante à des positions idéologiques. Dans l'affirmation du corps contre le texte (et aussi parfois contre toute parole) on retrouve la vieille méfiance envers l'intellect et la nostalgie d'un théâtre populaire débarrassé du poids des mots.

Mais d'autres partisans de la création collective à cette époque, n'avaient pas peur des mots. Quand le Théâtre du Soleil monte *1789* ou *l'Age d'or*, la troupe exprime la nécessité de faire un théâtre du moment, traversé par les urgences et les nécessités du présent, indépendant des obligations du répertoire. Pourtant, *1789* est publié en tant que texte et comme tel, reconnu autonome. La désacralisation du texte n'a pas toujours pour conséquence l'abandon de l'écriture. Mais il s'affirme que celle-ci peut être collective, être le fruit d'improvisations, et surtout que le texte doit perdre le caractère solennel et sacré que l'image scolaire et universitaire propage. Des artistes politiquement engagés revendiquent le droit du texte de théâtre à la fragilité, à l'urgence, à la nécessité d'une intervention dans un lieu non théâtral. Il peut être produit par les gens du métiers, acteurs et techniciens, pour la scène, et donc être souple, transformable et facilement mis en voix. De la méfiance envers les «grands textes» à la revendication d'un théâtre populaire, il n'y avait qu'un pas, vite franchi.

2. La nostalgie d'un théâtre populaire

Ces contradictions des années soixante trouvent leurs racines dans l'essence du théâtre. Comme si ceux qui le font avaient régulièrement la nostalgie d'une partie de ses origines, des rituels bachiques et festifs qui ne s'encombraient ni de textes ni de doctes. De ses origines populaires aussi, d'une parole née de la rue pour la rue, à l'opposé de l'écriture solitaire d'un auteur, toujours suspect de pouvoir culturel ou d'intelligence élitaire.

Peu importe que ces origines soient mythiques ou que l'histoire tempère les élans de ceux qui cherchent dans le passé à conforter leur désir de théâtre populaire. Quelques périodes-phares gouvernent ainsi la mémoire de tous ceux qui se méfient du texte. Ils se tournent périodiquement vers la fête antique, les baladins du Moyen Age, les virtuoses de la commedia dell'arte, les artisans du théâtre de foire au XVIIIᵉ siècle ; aujourd'hui vers le théâtre de rue, l'agit-prop, ou les matches d'improvisation.

Au Moyen Age existaient probablement des amuseurs publics, des bonimenteurs, jongleurs et diseurs de monologues, peut-être parfois proches du mime, parfois d'un théâtre à l'état brut, partiellement improvisé ou renouvelé au jour le jour. En tout cas notre mémoire fait des baladins amateurs de fatrasies et des bouffons rompus aux fantaisies verbales, les ancêtres des improvisateurs.

La fascination pour les acteurs de la commedia dell'arte que partagent beaucoup de professionnels du théâtre vient peut-être du sentiment d'autonomie qu'ils donnent quand ils sont en scène. Affranchis du texte appris par cœur, ils prennent le risque maximal, celui de l'invention. On sait, bien sûr, que cette invention est relative. Les comédiens de la Renaissance italienne disposaient de canevas préétablis, de repères de jeu, d'un stock de lazzis, de tours et de bons mots les aidants à sortir d'un mauvais pas ou d'une panne d'inspiration. Mais c'était quand même eux qui produisaient le jeu et le texte sur le moment, sous le regard du public, et pour l'écoute de celui-ci.

Aux foires de Saint-Germain et Saint-Laurent à Paris, une tradition remontant à Henri IV autorisait la présentation d'exercices gymniques, de pantomimes et de féeries. Un privilège de l'Académie de musique interdisait aux forains de chanter ou de danser ailleurs que sur une corde, un autre de la Comédie Française (1680) leur interdisait de parler. Il s'ensuivit une période de curieuses inventions destinées à détourner la loi. Privés de textes dialogués, les comédiens inventent des jargons ou font appel à des écriteaux pour s'adresser au public, jusqu'à l'interdiction en 1719 des théâtres de la Foire. On comprend mieux, à partir de ces exemples, comment le théâtre sans texte s'est parfois assimilé au refuge du théâtre vivant et par contrecoup, de la suspicion qui pèse toujours sur le texte.

3. L'acteur et le poète

Quand le théâtre fait retour sur son passé, c'est souvent pour se demander s'il a bien fait de se donner un poète, si le savoir-faire des acteurs en relation directe avec le public n'est pas préférable aux subtilités d'un texte, si la théâtralité «pure» ne pourrait pas aisément se passer du pouvoir de l'écriture. Vieille fracture originelle entre ceux qui font le théâtre devant le public et ceux qui le préparent dans l'ombre, entre les acteurs devant et le poète à la traîne. Vieille lutte de pouvoir entre deux moitiés inséparables, le texte et la scène, qu'on s'acharne à dissocier chaque fois que les uns prennent peur des «littéraires» et les autres des «histrions».

C'est cette image de l'acteur-roi, producteur du texte et du sens, que notre époque retient quand il lui arrive de faire le procès du texte. Comme si s'affranchir du texte permettait d'échapper à la routine du jeu et rétablissait cette capacité de l'acteur à inventer en direct. L'improvisation est mythifiée parce qu'elle autoriserait à chaque instant la création de l'acteur, et rétablirait le contact étroit entre le corps de l'acteur et son imaginaire. Ne plus dire les paroles d'un autre offrirait une sensation unique de liberté.

Les créations collectives et les improvisations publiques ne correspondent pas toujours à cette vision optimiste des choses. Des personnages-clichés et des dialogues plats, une expression corporelle convenue en constituent aussi l'ordinaire, en tout cas dans la perspective du spectacle, puisque l'improvisation s'envisage également comme travail de formation ou comme un entraînement quotidien de l'acteur. De réelles trouvailles ne dissimulent pas les difficultés d'un projet de création à jet continu.

Il existe donc un théâtre du silence, un théâtre du corps et du cri destiné à atteindre plus profondément la sensibilité du spectateur. Cette utopie d'un «au-delà des mots» plus puissant que les mots, s'enracinant dans l'indicible, retrouve de la vigueur chaque fois que le théâtre s'essouffle et s'empoussière, que le texte n'est plus que le refuge d'une représentation machinale perpétuant des rituels vidés de leurs sens, ou l'alibi d'une culture coupée de toute nécessité.

LECTURES CONSEILLÉES

ARISTOTE,
   Poétique, Paris, Livre de poche, 1990.

BROOK Peter,
   L'Espace vide, Paris, Seuil, 1977.

BRECHT Bertolt,
   Écrits sur le théâtre (2 vol.) Paris, L'Arche, 1979.

CORVIN Michel,
   «*Théâtre/Roman, les deux scènes de l'écriture*», *Entretiens de Saint-Etienne*, Paris, Théâtrales, 1984 ;
   Le Théâtre nouveau en France, Paris, «Que sais-je ?» PUF, 1987.

COUTY Daniel et REY Alain (sous la direction de),
Le Théâtre, Paris, Bordas, 1980.

DORT Bernard,
Lecture de Brecht, Paris, Seuil, 1960 ;
Le Spectateur engagé, Paris, POL, 1995.

DUMUR Guy (sous la direction de),
Histoire des spectacles, Paris, Encyclopédie de la Pléiade, 1965.

ECO Umberto
Lector in fabula (Le rôle du lecteur), Paris, Livre de poche, 1989 ;
Écrire pour le théâtre. Les enjeux de l'écriture dramatique, sous la direction de M. C. Autant-Mathieu, Paris, Editions du CNRS, 1995.

JOMARON Jacqueline (sous la direction de),
Le Théâtre en France, Paris, Armand Colin, 1989, (2 vol.).

MONOD Richard,
Les Textes de théâtre, Paris, Cedicx, 1977.

PAVIS Patrice,
Dictionaire du théâtre, Paris, Editions sociales, 1980.

SARRAZAC Jean-Pierre,
L'Avenir du drame, Lausanne, Editions de l'Aire, 1981 ;
Théâtres intimes, Actes Sud, Arles, 1989 ;
Théâtres du moi, théâtres du monde, Rouen, Médianes, 1995.

UBERSFELD Anne,
Lire le théâtre, Paris, Editions sociales, 1977.

VINAVER Michel,
Le Compte-rendu d'Avignon. Des mille maux dont souffre l'édition théâtrale et les trente-sept remèdes pour l'en soulager, Arles, Actes Sud, 1987.

Approches méthodiques

I. Essai de description

1. Le texte comme objet matériel

Toute œuvre dramatique peut en premier lieu être saisie dans sa matérialité, dans la façon dont son organisation de surface se présente sous forme d'ouvrage. Alors qu'il est difficile de se faire une idée de ce que la pièce signifie et raconte, esquissons une première approche en ne nous intéressant qu'à ses marques concrètes, aux système de coupures, d'enchaînements, de répartitions des discours qui l'organise.

Le titre et le genre de l'œuvre, la façon dont ses grandes parties sont nommées, dont elles s'enchaînent, les vides et les pleins de l'écriture, les marques de ponctuation, l'existence d'indications scéniques, les noms des personnages et la façon dont les discours se répartissent sous ces noms, voilà les premières indications que nous fournit une lecture en survol d'une pièce.

Ces indications, pour superficielles qu'elles paraissent, correspondent à un projet de l'auteur. Ce n'est pas la même démarche d'écrire aujourd'hui une œuvre en cinq actes et en alexandrins, avec vingt personnages, intitulée «farce» ou une œuvre en douze tableaux, en quatre fragments ou en sept mouvements pour deux personnages sans nom et un saxophone.

Quand nous cherchons à comprendre comment les différentes parties s'enchaînent ou au contraire pourquoi elles ne s'enchaînent pas, quand nous relevons les marques spatio-temporelles ou que nous regardons de plus près la répartition des discours, nous touchons, précisément à l'organisation de la fiction. Il n'est pas simple d'en rester à la surface, d'autant plus que les relations entre les différentes structures, entre fable, intrigue et discours sont difficiles à démêler. L'intérêt à venir est dans la confrontation des différentes études.

Où nous arrêter dans ce qui a été défini comme un survol, alors que nous sommes déjà tentés d'y mettre du sens ? Intéressons-nous d'abord exclusivement aux traces les plus extérieures et les plus évidentes du texte dont Michel Vinaver décrit ainsi la croissance :

> «Au départ d'une pièce il n'y a aucun sens. Mais aussitôt l'écriture de la pièce commencée, il y a une poussée vers le sens, une poussée vers la constitution de situations, de thèmes, de personnages. A partir d'un noyau indéterminé issu de l'explosion initiale, la pièce n'arrête pas de se construire. A la fin, si elle est réussie, elle se présente comme un objet aussi rigoureusement construit que s'il y avait eu un plan préalable.»
>
> *(Écrits sur le théâtre)*

2. Organisation, structuration

Le titre et le genre : vraies étiquettes et fausses annonces

Titrer une pièce est une façon pour l'auteur d'annoncer ou de déjouer le sens. Pour le lecteur, le titre est un premier repère. Très souvent, la pièce porte le nom d'une héroïne ou d'un héros, d'un personnage principal. C'est le cas de la plupart des tragédies antiques ou classiques, françaises ou étrangères. *Hamlet, Jules César, Andromaque, Bérénice, Polyeucte.* Rien de plus n'est dit et c'est comme si cela suffisait. Le laconisme du titre correspond à la notoriété ou à la grandeur du héros.

Les titres de comédies sont un peu plus bavards. S'ils parlent d'un «caractère» (*L'Avare*), ou d'une condition sociale, des adjectifs peuvent les préciser : *Le bourgeois gentilhomme, Le médecin malgré lui.* Le titre porte en lui une dynamique, un embryon de récit (*La mère coupable, Arlequin valet de deux maîtres*) l'ébauche d'une morale ou l'annonce d'un dénouement : *Les fausses confidences, La double inconstance.* Parfois, le titre désigne ironiquement un parfait inconnu comme un héros tragique : *Turcaret, Monsieur de Pourcaugnac*; en cela, il fait appel à la culture théâtrale du spectateur. Une tradition durable s'est établie, et on relève comme titres au XIXe siècle aussi bien *Les Caprices de Marianne* que *Ruy Blas, On ne badine pas avec l'amour* que *Les Burgraves.*

Le titre annonce un projet en accord avec la tradition culturelle ou manifeste au contraire une rupture ; dans *La Cantatrice chauve*, ne figure, on le sait, aucune cantatrice, chauve ou chevelue, ce qui permet à Ionesco de déjouer les habitudes et les attentes. Le titre peut aussi, dans une facétie initiale, manifester d'emblée une volonté de bonne humeur : *Occupe-toi d'Amélie, On purge bébé, Un pyjama pour deux.* Il peut aussi jouer sur plusieurs registres et nous laisser dans l'indécision : *Fin de partie* renvoie littéralement à la fin d'un jeu et métaphoriquement à la mort. *L'Affaire de la rue de Lourcine* pourrait désigner une intrigue policière ou un fait divers crapuleux. Mais *En attendant Godot* s'avère, à l'usage, d'une redoutable ob jectivité descriptive.

Les contemporains jouent parfois de la longueur du titre (*Les gens déraisonnables sont en voie de disparition*) ou de son ambiguïté phonétique (*Nina, c'est autre chose* ; elle sait autre chose ?). Ils font preuve d'apparente objectivité (*Combat de nègre et de chiens*) ou misent sur la métaphore (*La solitude dans les champs de coton*). Le respect des genres imposait une sorte de tradition des titres, il est plus difficile aujourd'hui de deviner ce que l'appellation recouvre, tant les parodies et les clins d'œil qui font appel à la culture du spectateur en ont modifié l'usage.

Dans la pratique, le titre nous intéresse comme «premier signe» d'une œuvre, intention d'obéir ou non aux traditions historiques, jeu initial avec un contenu à venir dont il est la vitrine ou la bande-annonce, l'attrape-nigaud ou l'appellation contrôlée. Les informations qu'il fournit, aussi fragiles qu'elles soient, méritent d'être retenues.

Il en est de même du genre de l'œuvre, dont l'annonce suit en général le titre. Nous avons vu qu'il s'agit historiquement d'une indication ambiguë puisqu'elle recouvre indifféremment une forme de fiction, une technique d'écriture, ou l'effet espéré sur le spectateur. Nous ne pouvons donc pas en attendre grand chose, d'autant plus qu'elle a à peu près disparu dans l'usage moderne. Tout au plus, quand l'annonce du genre fait retour, peut-on en déduire une façon que l'auteur a de se placer sous une bannière culturelle ou de manifester ironiquement qu'il n'est pas dupe de sa relation à la tradition. Un auteur qui prend soin d'annoncer «bouffonnerie» en tête de son texte souhaite éviter tout malentendu ou au contraire le provoque. Se souvient-on que *La Cerisaie* s'intitule «comédie», qu'*Oncle Vania* est sous-titrée «Scènes de la vie de campagne» et

Une demande en mariage «Plaisanterie en un acte» ? C'est peu, et pourtant ce sont des pistes initiales qui entrent dans notre relation au texte.

Les grandes parties

La plupart des textes sont organisés en différentes parties. La façon dont elles sont désignées renvoie déjà à une esthétique. Dans l'usage ancien, on parle en actes, rituellement cinq pour la tragédie et la tragi-comédie, trois pour la comédie, mais il existe des exceptions. Les actes sont-eux-mêmes divisés en scènes, en fonction des entrées et des sorties des personnages. A partir du XVIIIe siècle les dramaturges parlent parfois de *Tableaux*, se référant ainsi à une conception picturale de la scène, à une unité obtenue par la création d'une atmosphère différente à chaque fois.

L'usage moderne hésite entre les usages traditionnels et l'instauration d'un vocabulaire qui emprunte au cinéma ou fait flèche de tout bois. Les auteurs parlent de séquences, de fragments, de mouvements, (en référence à une construction musicale), de morceaux, de journées, de parties ; ou bien encore les divisions éventuelles ne sont plus nommées, les «scènes» se succédant, parfois chiffrées et titrées, suivant ainsi l'usage brechtien, parfois sans chiffres. Pour Vinaver, *Iphigénie Hôtel* est une pièce en trois journées, *La demande d'emploi* une pièce en trente morceaux, dûment chiffrés. *Nina, c'est autre chose*, une pièce en douze morceaux chiffrés et titrés (L'ouverture du colis de dattes, le rôti de veau aux épinards, etc…). Dans *Tête d'Or*, Claudel distingue trois parties. Jean Genet dans *Les Nègres* n'indique aucune interruption. Harold Pinter dans *l'Amant* ne nomme pas les parties et n'introduit pas d'autre coupure qu'un signe typographique et la référence scénique à un «noir». Presque classique, Beckett sépare *En attendant Godot* en deux actes.

Ces différents systèmes d'organisation se classent soit selon une esthétique de la continuité (le déroulement est prévu sans aucune coupure) soit selon un principe de discontinuité (coupures fréquentes, parfois systématiques). Certaines de ces coupures sont davantage de l'ordre du texte, par exemple les chiffres et les titres s'ils ne sont pas faits pour être annoncés par les acteurs et utilisés sur scène. Parfois ils renvoient à la pratique scénique, par exemple l'indication d'un noir, bien que de telles marques d'interruption ont un double statut et sont également destinées au lecteur.

Que peut-on espérer de ces relevés ? Les choix des auteurs indiquent qu'ils se placent implicitement dans une tendance de l'écriture, qu'ils organisent leur univers mental et le structurent en fonction de rythmes qui leur sont propres, qu'il se réfèrent à d'autres arts (par exemple à la peinture ou à la musique) dans leur façon de penser le texte par tableau, morceau ou *séquence*, que leur écriture se détermine déjà en fonction de la scène ou qu'ils l'ignorent délibérément. Le découpage est une façon de saisir le réel en l'organisant. Ces choix nous intéressent aussi, en tant que marqueurs temporels, pour notre travail à venir sur l'organisation de la durée dans la fiction et dans la représentation.

Enchaînements et ruptures, vides et pleins

Examinons maintenant comment ces parties se suivent, s'enchaînent ou se heurtent, si nous distinguons des principes unificateurs ou des ruptures significatives dans le tissu textuel.

La continuité lisse de l'action

La continuité d'action était une telle préoccupation chez les classiques, que l'Abbé d'Aubignac écrivait dans la *Pratique du théâtre* (1657) :

> «C'est pour cette raison (la non interruption de l'action) que les excellens Dramatiques ont toujours accoustumé de faire dire aux Acteurs, où ils vont, quel est leur dessein quand ils sortent du Théâtre, afin que l'on sache qu'ils ne seront pas oisifs et qu'ils ne laisseront pas de joüer leurs personnages encore qu'on les perde de veüe».

Ce qui revient à dire que non seulement l'action doit, au nom de la vraisemblance, être continue sur scène, mais que le spectateur doit trouver dans le texte des éléments suffisants pour imaginer comment elle se poursuit quand le personnage n'est plus en scène. Le découpage en actes et en scènes qui organise l'action et rythme le texte correspond à ce qui est donné à voir. Ce qui se passe ailleurs, (le hors-texte et le hors-scène) ou à d'autres moments (les entractes) est considéré comme faisant partie de l'action. La vraisemblance décide aussi des liaisons entre les scènes, justifiées comme «liaison de présence» (sorties ou entrées), «liaison de recherche» (le personnage qui vient sur le théâtre cherche celui qui en sort), liaison par le bruit (le personnage est attiré par un bruit) liaison par le temps (quand il n'y a pas d'autre justification qu'une nécessité horaire). On se reportera pour les exemples au livre de Jacques Scherer, *La dramaturgie classique en France.*

Sans qu'il soit utile d'entrer dans les détails, repérons les blocs textuels et leur agencement. Le découpage du texte est rarement indépendant d'une conception du temps et de l'espace. Les règles d'unité de temps et d'unité de lieu dépendent, tout comme la continuité de l'action, de la vraisemblance.

Réservant pour plus tard (chapitres 2 et 3) un examen détaillé, intéressons-nous surtout aux *vides*, aux moments où le texte s'arrête et examinons s'ils sont assortis de marqueurs de temps ou d'espace, de précisions sur le mode d'enchaînement.

Dans le *Dom Juan* de Molière, chaque nouvel acte indique un saut dans le temps et dans l'espace : L'Acte II s'ouvre sur une scène entre Charlotte et Pierrot ; L'Acte III présente Dom Juan «en habit de campagne» et Sganarelle «en médecin» ; L'Acte IV ne précise rien d'autre que les présences de Dom Juan et Sganarelle et l'Acte V commence par une adresse de Dom Louis à son fils. Rien de très surprenant si ce n'est quelques ellipses aussitôt commentées (comment le maître et le valet ont trouvé leurs habits), et surtout l'entrée des paysans à l'Acte II, qui dénote un changement de point de vue et l'arrivée d'un second fil de l'histoire. Ce que d'Aubignac admet, à condition que ces secondes histoires soient «tellement incorporées aux principal sujet, qu'on ne les puisse séparer sans détruire tout l'ouvrage».

Entre les deux actes de *En attendant Godot*, des indications scéniques apparemment contradictoires : «Lendemain. Même heure. Même endroit» et un peu plus loin, «L'arbre porte quelques feuilles». Beckett a «pensé» à la liaison entre les deux actes et il renseigne de manière très classique sur leur enchaînement. Puis il crée la confusion en se servant d'un vieux truc de théâtre, la symbolisation d'un changement de saison par les feuilles de l'unique arbre. Impeccablement «classique» dans les apparences il brouille pourtant toutes les pistes. Toute réflexion sur *En attendant Godot* s'arrête sur cette curieuse jointure et détermine tout ce qu'elle entraîne du point de vue dramaturgique.

Impossible d'aller plus loin sans entrer dans les détails de la fable, dans l'agencement du récit, les choix narratifs, les vides et les lacunes.

La discontinuité affirmée

Toute autre est l'organisation d'une pièce comme *Sainte Jeanne des abattoirs* de Bertolt Brecht. Elle comprend treize parties numérotées et des sous-parties correspondant en général à un changement de lieu. Une phrase résume à chaque fois le déroulement de l'action. Ainsi, (1) «Le roi de la viande, Pierpont Mauler, reçoit une lettre de ses amis de New-York» et une autre précise les lieux : *Chicago, les abattoirs*. Puis (II), Effondrement des grandes conserveries de viande et, *Devant l'usine de conserves de Lennox*, puis *Une rue*, puis, *Devant la maison des chapeaux noirs*. L'action saute d'un lieu à l'autre. Nous sommes dans un autre système dramaturgique fondé sur la discontinuité et sur l'ellipse. L'agencement structurel ne repose plus sur l'interdépendance des parties, mais au contraire sur leur autonomie, chaque partie devant être traitée «pour elle même».

Depuis *Woyzeck* de Büchner, et sans qu'ils suivent nécessairement tous les principes de la dramaturgie épique, des auteurs adoptent une écriture fondée sur l'alternance des vides et des pleins qui peut même devenir, dans la pratique contemporaine, un usage systématique du fragment. Discontinue, elliptique, ouverte, c'est-à-dire laissant au lecteur beaucoup à construire et à imaginer, cette écriture, volontiers laconique, organise le monde selon un principe de manque. Tout n'est jamais dit, tout n'est pas à dire, tout ne peut jamais être dit. C'est le cas d'un auteur allemand comme Heiner Muller et, à des degrés divers, de beaucoup de dramaturges français contemporains.

Cette opposition continu/discontinu n'est pas toujours aussi radicale et elle ne correspond pas de manière absolue à une évolution historique. Les dramaturges élisabéthains et des dramaturges français de la première moitié du XVIIe siècle (y compris le jeune Corneille dans quelques unes de ses premières œuvres) usent du principe de discontinuité. Les scènes et les actes ne s'enchaînent pas, les histoires comportent plusieurs «fils», l'action et les personnages sautent d'un lieu à l'autre. Le monde qui est donné à voir n'obéit pas à une construction harmonieuse et équilibrée.

Toutes les écritures continues ou discontinues ne s'opposent pas de manière schématique et ne relèvent pas de manière absolue de deux visions du monde. C'est pourtant notre objectif, en saisissant les principes de construction d'une œuvre, d'approcher son rythme propre et de dépasser le simple principe descriptif. Il existe bien des textes, purement formels, qui miment des principes organisateurs sans produire grand chose du point de vue de sens et du sensible. Notre travail sur les formes ne saurait être péremptoire, il ne peut qu'aider à formuler des hypothèses.

3. Le matériau textuel

En feuilletant un ouvrage de théâtre «pour s'en faire une idée», on remarque souvent une organisation typographique différente de celle d'un ouvrage romanesque, par exemple. Le texte de théâtre présente davantage de «blancs» quand il est dialogué, et, d'ordinaire il comporte les noms des personnages chargés de dire le texte. Au premier coup d'œil, on note les équilibres et les répartitions des masses textuelles. Il arrive qu'un dialogue s'enchaîne de manière serrée, selon un principe de renvoi alterné (*Woyzeck, En attendant Godot*) ou qu'il manifeste une évidente inégalité dans la longueur des discours. Les gros «pavés» de textes signalent les tirades (longs discours d'un personnage sans qu'aucun autre ne réagisse) ou les monologues. Dans des cas exceptionnels, le texte n'est fait que de plusieurs monologues alternés, voire d'un seul monologue (par exemple, *Discours aux animaux*, de Valère Novarina).

Le texte proprement dit se présente sous forme de vers ou de prose, il est ponctué ou non de manière ordinaire. Enfin, certains textes de théâtre comprennent, outre le texte destiné à être prononcé par les personnages, un métatexte (ou texte sur le texte), ensemble des didascalies fournies par l'auteur, parfois distinguées par une typographie particulière.

Didascalies

A l'origine, dans le théâtre grec, les didascalies étaient destinées aux interprètes. Dans le théâtre moderne, où l'on parle d'indications scéniques, il s'agit des textes qui ne sont pas destinés à être prononcés sur scène, mais qui aident le lecteur à comprendre et à imaginer l'action et les personnages. Ces textes sont également utiles au metteur en scène et aux acteurs pendant le travail de répétitions, même s'ils ne les respectent pas. Nous distinguons les indications qui ne concernent que la conduite du récit (de la fable, comme nous le verrons), de celles qui seraient strictement scéniques.

Ordinairement en marge du texte destiné à être joué, les didascalies sont parfois très rares (ce qui est le cas général du théâtre classique) ou même totalement absentes. Les commentateurs s'intéressent d'autant plus à ces notations, par exemple quand Racine précise que «Bérénice se laisse tomber sur un siège» (*Bérénice*, V. 5).

Quand l'auteur ne donne aucune indication, c'est qu'il souhaite s'abstenir de fournir d'autres pistes pour la représentation que celles incluses dans le texte des personnages. Il maintient l'ouverture, voire l'ambiguïté, de son texte, et laisse le champ libre au lecteur en n'imposant à l'avance aucune interprétation qui servirait de modèle à la représentation. Il signifie aussi par là l'importance qu'il accorde aux paroles prononcées par les acteurs, plus qu'à tout cadre figuratif ou à tout système de jeu.

Inversement, certains auteurs accordent une place considérable aux indications scéniques, comme s'ils définissaient à l'avance la forme de la représentation, ou comme s'ils ne pouvaient imaginer le texte des personnages indépendamment du cadre dans lequel il serait produit. Des écrivains aussi différents que Feydeau, Jean Vauthier ou encore Samuel Beckett, par exemple, rédigent avec un soin quasi maniaque leurs indications scéniques. *Fin de partie* de Beckett commence par trois pages d'indications scéniques, qui précisent l'espace puis le jeu, comme dans cet extrait :

> «Il (Clov) va se mettre sous la fenêtre à gauche. Démarche raide et vacillante. Il regarde la fenêtre à gauche, la tête rejetée en arrière. Il tourne la tête, regarde la fenêtre à droite. Il va se mettre sous la fenêtre à droite. Il regarde la fenêtre à droite, la tête rejetée en arrière. Il tourne la tête et regarde la fenêtre à gauche. Il sort, revient aussitôt avec un escabeau, l'installe sous la fenêtre à gauche, monte dessus, tire le rideau. Il descend de l'escabeau, fait six pas vers la fenêtre à droite, retourne prendre l'escabeau, l'installe sous la fenêtre à droite, monte dessus, tire le rideau. Il descend de l'escabeau, fait trois pas vers la fenêtre à gauche, retourne prendre l'escabeau, l'installe sous la fenêtre à droite, retourne prendre l'escabeau, l'installe sous la fenêtre à droite, monte dessus, regarde par la fenêtre. Rire bref. (...)».

Ces indications concernent l'action. Bien que ce soient des cas exceptionnels, il existe même des œuvres où tout le texte est constitué d'indications scéniques qui décrivent avec exactitude les actions que les personnages doivent accomplir. C'est le cas de *Actes sans paroles*, de Beckett, de *Concert à la carte* de F.X. Kroetz, de *Le pupille veut être tuteur*, de P. Handke. Ces textes, qui ne sont pas destinés à être dits, constituent le principal matériau du jeu.

Les recherches scéniques d'aujourd'hui brouillent les pistes trop simples d'une première distinction sur la nature des textes. Nous y reviendrons à propos de l'énonciation, mais comme il arrive que les indications scéniques occupent tout le texte, il arrive aussi que des metteurs en scène fassent prononcer celles-ci sur scène, créant des brouillages entre la parole et l'action. Raison de plus pour opérer des distinctions nettes au niveau de l'analyse du texte.

Écrit parlé ou parole écrite ?

Le texte de théâtre a le bizarre statut d'un écrit destiné à être parlé, d'une parole écrite qui attend une voix, un souffle, un rythme. A cause de ses origines, réelles ou mythiques, de la transmission orale, d'une tradition de la déclamation, on lui cherche ou on lui accorde les vertus particulières des mots qui entrent bien en bouche. Trouve-t-on des traces de ce statut dans des écritures qui miment plus ou moins l'oralité ?

Tout le monde tombe d'accord quand il s'agit de théâtre en vers. On commente les rythmes, les enjambements, les assonances et les qualités des rimes, et dans l'étude littéraire usuelle, on s'empresse d'en tirer du sens. Pourtant, avant le sens, ce que nos mémoires ont retenu, c'est souvent la façon «dont les choses sont dites». Le «A moi Comte, deux mots» de Corneille, quelque éclatante tirade de Hugo, des vers de *Cyrano de Bergerac* ou les rythmes étranges de Claudel. Le théâtre en tire une image sonore et même un peu tonitruante qui couvre parfois les petites musiques d'autres textes.

Tout commence pourtant avec le silence, et, comme nous le verrons à propos de l'énonciation, (chapitre 4) quand «ça ne parle pas» (ou plus) c'est parfois aussi intéressant que «quand ça parle». Mais ceci concerne davantage les discours des personnages que la langue des auteurs.

Le théâtre a recours aussi bien aux métaphores du grand style qu'à l'argot, au lexique soigné de Giraudoux qu'aux langues plus heurtées des régions et des dialectes, réels ou imaginaires. Michel Tremblay a scandalisé une partie du Québec, avant de triompher, en écrivant en *joual* (langue populaire québécoise) alors que les scènes montréalaises usaient surtout du «françâ» aussi châtié que l'image qu'ils se font de nos bouches arrondies formant les voyelles. Michel de Ghelderode est un flamand qui écrit dans un français rugueux et flamboyant, à la syntaxe heurtée et au rythme imprévisible. Valère Novarina s'est taillé un franc succès avec un *Discours aux animaux* dont l'écriture joue de l'oralité. Rien à voir avec l'harmonie racinienne alternativement prisée (la musicalité au théâtre) et redoutée (comment dire et jouer Racine ?) :

> «Dans un mois, dans un an, comment souffrirons-nous,
> Seigneur, que tant de mers me séparent de vous ?
> Que le jour recommence et que le jour finisse,
> Sans que jamais Titus puisse voir Bérénice,
> Sans que de tout le jour je puisse voir Titus !»
>
> *(Bérénice, IV, 5)*

Affirmer que la langue au théâtre est faite pour être dite ne nous avance guère, chacun mettant sous ce «dire» des qualités contradictoires, selon des critères esthétiques et des parti-pris évidents. Ainsi le théâtre a longtemps vécu en France sous la dictature de la «belle langue». Des positions extrêmes en faveur de la langue heurtée, brutale ou argotique créent d'autres exclusions.

Examinons donc les textes avec le moins de parti-pris culturels et esthétiques possibles. Intéressons-nous au «comment ça sonne», à la qualité du tissage lexical et à l'agencement du dialogue. La «lacune» du personnage de Lenglumé de Labiche ponctue un texte banal en apparence :

> «Ai-je mangé de la salade ? Voyons-donc ! Non ! Il y a une lacune dans mon existence ! Ah ça ! comment diable suis-je revenu ici ? J'ai un vague souvenir d'avoir été me promener du côté de l'Odéon... et je demeure rue de Provence ! Était-ce bien l'Odéon ? Impossible de me rappeler ! Ma lacune ! Toujours ma lacune !»
>
> *(L'Affaire de la rue de Lourcine)*

Sa répétition n'est pas moins intéressante, linguistiquement et théâtralement parlant, que celle de «Rome» dans la tirade de Camille (*Horace*) qui a bercé des classes entières et essoufflé des candidates au conservatoire !

Il nous importe donc que *Fin de partie* de Beckett commence par «Fini, c'est fini, ça va finir, ça va peut-être finir» et que le Jean Genet des *Nègres* fasse dire au personnage de Neige :

> «Si j'étais sûre que Village eût descendu cette femme afin de devenir avec plus d'éclats un Nègre balafré, puant, lippu, camus, mangeur, bouffeur, bâfreur de Blancs et de toutes les couleurs, bavant, suant, rotant, crachant, baiseur de boucs, toussant, pétant, lécheur de pieds blancs, feignant, malade, dégoulinant d'huile et de sueur, flasque et soumis, si j'étais sûre qu'il l'ait tuée pour se confondre avec la nuit... Mais je sais qu'il l'aimait.»

Ne décidons pas à l'avance de ce que doit être la langue de théâtre. Prenons chez les auteurs les particularités comme elles viennent, l'accumulation des adjectifs et des métaphores aussi bien que les répliques minces, le texte surabondant comme le texte troué.

Parmi les particularités contemporaines notables, plusieurs auteurs renoncent dans leurs textes à la ponctuation courante et se limitent aux points d'interrogation et d'exclamation. C'est le cas, par exemple, de Pierre Guyotat, de Michel Vinaver, de Daniel Lemahieu, de Valère Novarina, de manière différente mais avec des intentions voisines. Plutôt comme une «coulée verbale» chez Guyotat, un dévalement de mots trouant le silence, davantage comme un agencement de l'indifférencié chez Vinaver qui permet à la réplique d'entrer en frottement avec des répliques voisines.

Le texte écrit se présente ainsi au comédien dans une relative indifférenciation, la syntaxe ne décidant pas du sens de manière définitive. C'est la voix de l'acteur, ses rythmes personnels qui orientent le texte écrit et décident d'une «ponctuation orale» calquée sur le souffle. Le texte ponctué par l'auteur fermerait trop de portes dans la manière de dire, ce qui explique ce passage de relais en direction de l'acteur. Lemahieu pointe dans ses notes de travail la relation qui s'instaure entre le rythme intime de l'écriture et le rythme intime vocal de l'acteur élaborant le personnage :

> «Opposition entre le dit proféré, la parole du personnage et sa mise en bouche (posture, voix, souffle) par le comédien. Le texte de théâtre est-il parlé-écrit ou écrit-parlé ? A quoi se mêle le problème des rythmes propres, de la voix intérieure de l'écrivain qui perçoit souvent différemment la scansion du texte qu'il a lui-même proposé tout en laissant aux artistes dramatiques le soin de parfaire ce qu'il a commencé, de l'écrit à l'image spectaculaire».

(Préludes et figures. Notes pour *Usinage)*

Il est curieux de noter, dans le cas d'un auteur comme Serge Valletti qui a longtemps interprété ses textes, les étonnantes différences rythmiques qui apparaissent à la représentation quand elles sont jouées par d'autres. De tels phénomènes ne sont pas vraiment analysables avec précision, ils appartiennent en propre à la rencontre entre le texte et les acteurs, dans les premiers phénomènes de mise en voix. C'est une bonne raison pour donner une place aux lectures sonores.

Lectures à haute voix et lectures silencieuses

La lecture à haute voix est une approche du texte négligée dans les habitudes universitaires, soit parce qu'on pense ne pas en être capable et qu'on se sent désarmé, soit parce que l'approche intellectuelle est privilégiée au détriment d'expérimentations concrètes. C'est pourtant un exercice précieux, même si l'on ne se sent pas du tout acteur, à condition de suivre quelques règles.

Ce qui est en jeu n'a rien à voir avec le sens, l'intonation, «le ton juste», la bonne façon de dire l'auteur ou une quelconque préoccupation de réussite. Ces lectures sont une série *d'essais à dire*, qui privilégient la matérialité du texte au cours de premiers contacts où il est utile d'être sérieux sans se prendre au sérieux, et pourquoi pas, d'y trouver du plaisir.

Ces jeux et exercices de mise en bouche partent, soit de consignes mécaniques, soit de l'envie d'expérimenter des particularités évidentes du texte.

Parmi les consignes mécaniques, on s'essaie à toutes les oppositions de rythme, d'articulation, de niveau sonore : on lit très vite ou très lentement, on braille, on susurre ou on psalmodie ; on s'en débarrasse le plus vite possible ou on en goûte au contraire toutes les rondeurs et les aspérités ; on s'essaie à des accents et à des accentuations ; on lit seul ou à plusieurs en se renvoyant le texte, on varie les lecteurs et les énonciateurs, avec le moins d'*a priori* possible. On parodie même peut-être en allant jusqu'à l'excès.

Quand un texte présente des particularités, attaquons-les de front. Cherchons les variantes rythmiques d'un texte non-ponctué en creusant à chaque fois des chemins différents entre les mots ; banalisons l'alexandrin à l'extrême comme s'il s'agissait d'une conversation ordinaire, ou essayons d'aller vers le chant en écoutant comment les vers résistent à ces traitements. S'il s'agit de Claudel, lançons-nous dans les versets, jusqu'à manquer de souffle pour voir comment «ça parle». Enchaînons très vite les dialogues fragmentés qui se répondent peut-être déjà. Faisons de toutes ces lectures des exercices physiques.

Echappons à la lecture grisâtre, triste et convenue, retenue par la peur de l'échec ou celle de passer à côté du sens. Il n'y a pas d'échec possible puisqu'il n'y a pas d'autre projet que de se mettre le texte en bouche, et de le donner à entendre.

La lecture silencieuse nous est plus familière, mais sommes-nous sûrs d'en tirer parti, si là encore nous sommes obsédés par l'urgence de procéder à une analyse et d'en tirer du sens ?

Essayons donc des lectures désordonnées et rêveuses, qui s'arrêtent, reviennent en arrière, courent devant. Donnons-nous des consignes : ne lisons, par exemple, que le texte d'un personnage dans une continuité. Intéressons-nous exclusivement aux didascalies qui, lues bout-à-bout, constituent bien un «autre texte». Enchaînons les débuts ou les fins d'acte. Lisons dans le même mouvement le début et la fin, l'exposition et le dénouement. Arrêtons-nous pour imaginer, c'est-à-dire pour rêver, et visualisons ce qui est décrit. Ces lectures buissonnières n'ont pas de limites, elles constituent autant «d'entrées» dans le texte et créent une familiarité avec l'écriture. On dit souvent que l'acte de lecture n'obéit pas à une continuité obligatoire, tirons-en le meilleur parti possible.

Les propositions de découverte du texte constituent, dans leur ensemble, une relation à la «surface» du texte. L'identité du texte tel qu'il se donne à lire dans sa matérialité est privilégiée. Faisons-donc grand cas de notre «innocence» de lecteur, prêt à tout remarquer parce qu'il est prêt à s'étonner de tout. Traitons chaque œuvre comme un territoire étranger qui se déploie de manière originale, avec sa géographie, ses usages et sa langue. Nous n'échapperons pas aux questions de sens, de toutes façons, ni peut-être à la profondeur, elle est déjà dans la surface.

APPLICATIONS PRATIQUES

1. *Dans un hebdomadaire spécialisé dans les programmes de spectacles, reportez-vous à la rubrique «théâtre» et faites l'inventaire des titres des pièces à l'affiche et le pointage des auteurs. Avec le seul corpus de titres, vous pouvez vous faire une idée de la programmation. Cherchez les constantes syntaxiques, les mots qui reviennent. La rubrique «café-théâtre» est très instructive dans ce qu'elle révèle d'une mode des titres et d'une façon d'annoncer les œuvres, en général plus éphémères.*

Certains hebdomadaires classent les spectacles (en tout cas les films) par genres. Prenez note de leur système de classement et des genres hybrides qui sont proposés.

2. *Si vous pouvez accéder au rayon «théâtre» d'une bibliothèque sérieuse, ou à la rigueur, au même rayon d'une librairie spécialisée (inévitablement moins riche en livres anciens) passez quelques heures à feuilleter les œuvres, surtout celles dont vous n'avez jamais entendu parler. Intéressez-vous notamment aux œuvres mineures, dites «de second rayon» qui donnent une bonne idée de la production théâtrale d'une époque dont on* *ne connaît en général que les «grands textes». En butinant ainsi, repérez à chaque fois ce qui est évoqué dans ce chapitre et prenez conscience de la diversité des textes.*

LECTURES CONSEILLÉES

BARTHES Roland,
> *Essais critiques*, Paris, Seuil, 1984, notamment le chapitre sur «Le bruissement de la langue.»

LEMAHIEU Daniel,
> «Préludes et Figures», Notes sur *Usinage*, Paris, Th. Ouvert/Enjeux, 1984.

MILNER Jean-Claude, REGNAULT François,
> *Dire le vers*, Paris, Seuil, 1987.

MONOD Richard,
> *Les Textes de théâtre*, Paris, Cedic, 1977.

RYNGAERT Jean-Pierre,
> *Jouer, représenter*, Paris, Cedic, 1985.

SARRAZAC Jean-Pierre,
> *L'Avenir du Drame*, Lausanne, L'Aire théâtrale, 1981.

PAVIS Patrice,
> *Dictionnaire du théâtre*, Paris, Editions sociales, 1980.

Numéro spécial de la *Revue Pratiques* consacré à «L'Écriture théâtrale», n° 41, 1984.

VINAVER Michel,
> *Écrits sur le théâtre*, Lausanne, L'Aire théâtrale, 1982.

II. La fiction et son organisation

Selon les époques, la terminologie de la fiction varie et nous employons parfois aujourd'hui un lexique très imprécis. On parle du sujet d'une pièce, de ce qu'elle raconte (le récit, la fiction, la fable), de ses thèmes, de l'intrigue, de l'action, en y mêlant sens ordinaires et sens savants, usages vulgarisés et usages techniques.

Si nous abordons ces questions de terminologie, c'est parce qu'elles sont le signe de réelles difficultés dans l'approche effective des textes. Comment saisir les différents niveaux d'une fiction, de son expression la plus extérieure (ce que le texte raconte) à la plus intérieure (les forces profondes qu'il oppose ou met en jeu) ? La constitution de la fable, le repérage de l'intrigue, l'examen de l'action, la mise au jour des structures profondes de l'œuvre sont des démarches complémentaires, parfois contradictoires. Les recherches contemporaines sur la narrativité en privilégient certaines sans que leur nécessité soit toujours explicite. Or, il est utile de se situer dans les différentes stratégies d'analyse.

Un autre problème consiste à déterminer ce qui, dans la fiction, est de l'ordre du texte et ce qui est de l'ordre de la représentation. Nous y faisons allusion à propos de la conception brechtienne de la fable.

1. La notion de fable

Un réservoir de mythes et d'inventions

La *fabula* latine est un récit mythique ou inventé. On peut concevoir une fable qui existait avant la pièce de théâtre, comme un matériau dont le poète s'est emparé pour construire son œuvre. Dans ce cas, la fable fait partie d'une sorte de réserve d'histoires inventées, inscrites dans la mémoire collective. Dans la pratique dramatique des Anciens comme dans celle du XVIIe siècle, les auteurs font souvent allusion à leurs sources, à un matériau historique à la disposition de tous dans lequel ils puisent librement. Les classiques, par exemple, empruntent à l'histoire romaine, à Virgile, à Plutarque. Ils en parlent d'autant plus librement que leurs notions de propriété littéraire et d'originalité ne sont pas du tout les mêmes que les nôtres. L'invention des poètes dramatiques se manifeste quand ils agencent le matériau fabulaire.

Dans sa seconde préface d'*Andromaque*. Racine cite les vers de Virgile au troisième livre de *L'Enéide*, se réfère à l'*Andromaque* d'Euripide et conclut :

> «Je ne crois pas que j'eusse besoin de cet exemple d'Euripide pour justifier le peu de liberté que j'ai prise. Car il y a bien de la différence entre détruire le principal fondement d'une fable, et en altérer quelques incidents, qui changent presque de face dans toutes les mains qui les traitent.»

Il termine en citant un commentateur de Sophocle qui remarque :

> «Il ne faut point s'amuser à chicaner les poètes pour quelques changements qu'ils ont pu faire dans la fable ; mais il faut s'attacher à considérer l'excellent usage qu'ils ont fait de ces changements, et la manière ingénieuse dont ils ont su accommoder la fable à leur sujet.»

On pourrait donc dire que si nous cherchons la fable d'une pièce, nous faisons le travail inverse de ces auteurs, en isolant le matériau narratif des origines, nettoyé de tout agencement dramatique. Ce matériau ne se confond pourtant pas avec les sources de l'œuvre. Dans ce sens, dit Pavis, la fable serait :

> «La mise en place chronologique et logique des événements qui constituent l'armature de l'histoire représentée».

Un tel projet se réalise difficilement car il sous-entend une sorte de neutralité de l'analyse, un travail chirurgical de séparation entre le narratif et le dramatique. Ce travail s'avère encore plus difficile quand il n'existe pas de source connue à la fable, et qu'il faut pourtant reconstruire cet état premier du récit avec la seule aide du texte dramatique.

Ce projet s'avère pourtant passionnant et utile à la pratique car comme l'écrit Richard Monod, la fable nous arrive «en assez mauvais état» puisqu'elle nous est communiquée par l'intermédiaire des paroles et des gestes des personnages et qu'il faut la reconstruire dans un système narratif différent de celui du texte dramatique, nécessairement lacunaire.

La fable comme suite d'actions

Comment constituer un récit à partir de ce qui, au théâtre, est le plus souvent montré, mis en actes ? Pour Aristote, la fable, «assemblage d'actions accomplies» se situe dans le texte lui-même plutôt que dans ses sources ou dans une quelconque antériorité. Elle se construit à partir de l'action dramatique envisagée comme la somme des actions et des événements. Ce point de vue intègre la notion de source à l'action proprement dite et entérine la présence d'un récit à la fois dans le jeu théâtral et «derrière» celui-ci. Le théâtre raconte en imitant l'action, donc en montrant des actions destinées à être accomplies sur la scène par des acteurs. Ces actions sont prévues dans les didascalies (ce que les acteurs ont à faire) et dans ce qu'ils ont à dire, puisque comme nous le verrons au chapitre 4, au théâtre, dire, c'est faire.

La difficulté est de n'isoler que des actions et de distinguer celles-ci des sentiments et des discours. Il faudrait idéalement ne retenir les sentiments que lorsqu'ils sont exprimés à cause des actions et ne considérer les discours qu'en tant qu'ils entraînent à l'action celui qui les profère et ceux qui les écoutent. Ainsi, être jaloux, et même dire sa jalousie, ne peut théoriquement être retenu dans la fable tant que le personnage ne l'exprime pas par des actions. Aristote le souligne puisqu'il place les «caractères» après la fable, par ordre d'importance. Pour lui, la fable est première et étroitement liée à l'action.

Des metteurs en scène comme Stanislavski reprennent ce point de vue à leur façon quand ils demandent aux acteurs en répétitions de constituer le parcours de leurs personnages uniquement à partir de ce qu'ils accomplissent. Une fois sorties de la gangue des discours et des sentiments, si difficiles à cerner, les actions, quand on parvient à les définir et à les isoler, constituent une solide armature pour l'édification de la fable. Mais est-il possible de les repérer sans que nous manifestions en même temps une opinion sur ces actions, ne serait-ce qu'en les nommant avec précision ?

D'autres difficultés se présentent donc, avec cette notion de point de vue. Jusqu'à présent, nous avions fait comme si la fable pouvait être établie de manière objective et comme s'il était possible de procéder à toutes ces extractions sans difficultés ni doutes. Pourtant, face à la fable, il existe un lecteur qui ne distingue pas toujours bien ce qui s'est passé ou qui ne veut pas le distinguer. Il ne voit que le sujet de la pièce, c'est-à-dire ce qui l'intéresse et il finit par raconter la fable de son point de vue.

Construire la fable

Il s'agit d'identifier et d'énoncer de la manière la plus neutre possible, les actions successives des personnages. Richard Monod recommande de la faire au passé, temps du récit, et d'éviter tout effet de style.

Bien entendu, il ne faut prendre appui que sur le texte dramatique et n'oublier aucune des actions. Ensuite, il faut organiser celles-ci dans l'ordre chronologique, qui correspond rarement à l'ordre que propose le texte, et par la même occasion prendre conscience de leurs durées et du temps qui les sépare. Il peut également être utile de distinguer ce qui est prévu de se passer en scène, et ce qui arrive hors-scène mais qui doit être intégré à la fable.

Le premier intérêt de l'exercice est qu'il fait prendre conscience de la difficulté à isoler les actions des discours et des sentiments, sans négliger en même temps les discours qui font agir. Le second, c'est que nous avons une tendance à interpréter le texte et les actions au moment où nous les saisissons et que le projet de neutralité par rapport aux faits exige une vigilance de tous les instants. Il est également difficile d'être exhaustif. L'établissement de la fable est un travail très long qu'il ne faut pas confondre avec les «résumés de l'action» qui figurent parfois dans les appareils critiques des pièces.

A titre d'exemple, voici une citation de Suétone qui expose le «sujet» de Bérénice de Racine :

> «Titus, qui aimait passionnément Bérénice, et qui même, à ce qu'on croyait, lui avait promis de l'épouser, la renvoya de Rome, malgré lui et malgré elle, dès les premiers jours de son empire.»

Voici maintenant le début de la fable, telle que nous avons essayé de l'établir :

> «Depuis cinq ans, Antiochus, Roi de Comagène, était secrètement amoureux de Bérénice, Reine de Palestine. Celle-ci lui avait imposé le silence et depuis trois ans qu'il était à Rome, il lui obéissait. Vespasien, empereur de Rome et père de Titus, venait de mourir.

Rome s'apprêtait à couronner Titus empereur. Antiochus avait secondé Titus dans la guerre de Judée et s'était conduit avec héroïsme, au point d'avoir mis sa vie en danger pour la cause romaine.

Accompagné de son confident Arsace, Antiochus se rendit au palais où il s'arrêta dans le cabinet de Titus et où il envoya Arsace demander un entretien avec la Reine Bérénice. Il avait donné ordre de faire préparer ses vaisseaux dans Ostie, prêts à appareiller pour Comagène sitôt la fin de l'entretien. Arsace approcha la Reine avec difficulté, tant elle était entourée d'adorateurs. On disait qu'avant la nuit Titus allait l'épouser et qu'elle allait devenir Impératrice de Rome. D'un regard elle signifia à Arsace qu'elle accordait à Antiochus l'entretien privé qu'il souhaitait, et enfin elle échappa à ses nouveaux admirateurs pour paraître devant celui-ci.»

Le jeu des temps du passé (plus-que-parfait, imparfait, passé simple) opère la distinction entre une situation établie et des événements qui viennent s'y ajouter. Des événements anciens mais utiles au récit s'intègrent ainsi à la fable. Il faut décider si l'on choisit ou non de donner de l'importance aux «petites actions» (par exemple, Antiochus s'arrêta dans le cabinet de Titus). Il est difficile de savoir ce que l'on fait des projets des personnages, et s'il ne faut retenir que ceux qui sont exécutés. Ainsi, nous avons décidé de mentionner les préparatifs de départ car c'est un ordre qu'Antiochus avait donné à Arsace et dont il vérifie l'exécution ; mais nous savons aussi ce que ces vaisseaux prêts à appareiller représentent du point de vue dramatique ! La neutralité est bien difficile à maintenir.

Notons au moins que ce travail (à peine entamé puisqu'il ne concerne que le tout début de la pièce) clarifie l'importance de la relation entre la parole et l'action pour les personnages. Il permet de bien prendre conscience du changement de régime d'écriture quand nous passons ainsi du dramatique au narratif. Nous pourrions aisément extrapoler en faisant le trajet inverse et en examinant comment Racine transmet toutes ces informations au lecteur et comment les actions sont traduites dans les discours des personnages.

Travailler à reconstituer la fable, ou, si l'on préfère, une fable, n'enferme pas dans une opposition entre objectivité et subjectivité. La dramaturgie s'appuie sur cette tension entre la lecture la plus rigoureuse du texte et les choix nécessaires qui interviennent par la suite.

Avoir un point de vue sur la fable

La fable est une pure abstraction après laquelle nous courons. En cherchant à l'établir, nous sortons du théâtre pour aller vers le récit.

Dans cette tentative de remise à plat des événements, nous n'échappons pas à la prise de conscience de l'énorme importance de leur agencement. La fable est aussi une structure de la pièce, sa construction porte déjà la marque de l'auteur, dans la façon même dont il dispose les épisodes et envisage l'intrigue.

Tout travail sur la fable porte en lui sa contradiction. En l'isolant, nous prenons mieux conscience de la façon dont elle appartient à un système de structures narratives et dont elle est agencée. En cherchant à l'établir de manière aussi neutre que possible, nous comprenons que nous pouvons difficilement échapper à un point de vue.

Dans la pratique, l'établissement de la fable aide tous les collaborateurs d'une mise en scène à se mettre d'accord sur ce qui est à jouer. On peut penser que c'est la moindre des choses. Or, très souvent, mieux on connaît le texte, et plus on répète, plus on perd de vue ce fameux «récit premier» que nous essayons ici de cerner. Etablir la fable revient donc à définir ce que l'ensemble des praticiens envisage de jouer, à partir de ce qui est à jouer.

Pour Brecht, la fable objective n'existe pas. (Voir plus loin la fable de Brecht pour *Hamlet*). Elle est à construire :

> «La fable dans sa totalité donne (au comédien) la possibilité d'un montage des éléments contradictoires ; car la fable livre, en tant qu'événement délimité, un sens déterminé, ce qui veut dire que, parmi de nombreux intérêts possibles, elle ne satisfait que des intérêts déterminés.» (*Petit Organon*, paragraphe 64).

Nous ne nous situons plus dans la perspective de l'analyse du texte, mais dans une dynamique du passage à la scène, et c'est dans le travail de répétitions que tous les membres de l'équipe théâtrale, selon Brecht, adoptent un point de vue sur la fable et par là, situent le récit dans une perspective historique et marxiste :

> «Tout est fonction de la fable, elle est le cœur du spectacle théâtral. Car de ce qui se déroule entre les hommes, ceux-ci reçoivent tout ce qui peut être discutable, critiquable, changeable ; (…) La grande entreprise du théâtre, c'est la fable, cette composition globale de tous les processus gestuels, contenant les informations et les impulsions qui devront désormais constituer le plaisir du public.» (*Petit Organon*, paragraphe 65).

En fait, que l'on suivre Brecht ou non, il est difficile de ne pas avoir un point de vue sur la fable, puisque tout travail de mise en scène consiste aussi à raconter une histoire et que l'écoute du texte, même la plus attentive, ne se fait pas sans mise en perspective. A chaque moment de l'Histoire, comédiens et metteurs en scène se font fabulateurs, recherchent leur propre fable et l'inscrivent dans le texte en fonction de leur sensibilité et de celle de leur époque.

Limites de la fable

Deux questions, déjà en germe dans ce qui précède, prennent davantage d'importance aujourd'hui.

En premier lieu, nous avons toujours fait l'hypothèse jusqu'ici qu'il existait au moins une fable pour toute pièce de théâtre. Or, une partie de la dramaturgie contemporaine se fonde de moins en moins sur l'action et sur la dimension narrative du texte de théâtre. Des spectacles s'efforcent d'échapper à toute «histoire» et donnent à voir des images, des actions répétitives ou fragmentaires. Ils privilégient ainsi l'abstraction contre l'anecdote, ou le sensible contre le sens, devenu suspect.

En second lieu, la dramaturgie brechtienne a imposé une conception de la fable où celle-ci, dûment élaborée en répétitions par tous les artistes, n'a plus qu'à être présentée au public. Il n'y aurait ni perte ni écart dans la relation entre la scène et la salle, où le spectateur, pourtant invité à trouver sa place dans la discontinuité de la fable brechtienne, verrait celle-ci «suivre son cours» sans lui, le sens ayant en quelque sorte été verrouillé avant le début des répétitions.

Ces deux questions se rejoignent et nous y reviendrons dans le chapitre consacré au rôle du lecteur et du spectateur.

La sensibilité moderne doute du récit et le suspecte d'usure. Si tout a déjà été raconté, il faut déconstruire, fragiliser le récit, renoncer aux effets narratifs trop apparents. Ceci se traduit dans l'écriture par des textes, sinon «sans fable», tout au moins par des textes où les fables sont très difficiles à établir tant les informations narratives sont minces ou problématiques. Ainsi, Harold Pinter, s'il ne renonce pas à la fable dans *l'Amant*, s'appuie largement sur une connaissance antérieure et archétypale du récit boulevardier qu'il pense partager avec le lecteur. Les fables que le texte propose entrent en relation (ou en contradiction) avec les fables archi-connues que nous avons en mémoire. Bernard-Marie Koltès ne donne pas réellement de fable dans *La solitude dans les champs de coton*. Il fournit un mince schéma, les échanges verbaux entre le client et le dealer. A partir de ceux-ci nous pouvons construire une infinité de micro-fables qui ont toutes à voir avec l'achat et la vente sans que jamais l'action, «le deal» ne soit réduit à une anecdote, comme dans le cas où la marchandise serait nommée. La pièce s'ouvre sur l'ambiguïté d'une multitude de fables possibles que nous avons à construire. Tout se passe comme si la balle était désormais dans le camp du lecteur ou du spectateur, si bien que les travaux théoriques sur le théâtre s'inscrivent aujourd'hui largement du côté de la réception.

La fable n'est probablement pas morte, elle s'est dissoute devant les excès des détenteurs du sens et elle renaît sous forme parcellaire et multiple en faisant largement appel au récepteur comme partenaire. Après tout, nous continuons obstinément à nous demander, lecteurs et spectateurs, même si c'est avec une ingénuité variable : qu'est-ce que ça raconte ? Peut-être faudrait-il aussi se demander aujourd'hui, dans le même mouvement : qu'est-ce que ça *me* raconte ?

BRECHT PROPOSE UNE FABLE POUR HAMLET

«Eu égard aux sombres et sanglantes circonstances dans lesquelles j'écris ceci, à des classes dominantes criminelles, à un doute généralisé envers cette raison dont on ne cesse d'abuser, je crois pouvoir lire cette fable ainsi : Les temps sont à la guerre. Le père d'Hamlet, roi de Danemark, a tué le roi de Norvège au cours d'une victorieuse guerre de rapine. Au moment où le fils de celui-ci, Fortinbras, s'arme pour une nouvelle guerre, le roi est à son tour tué, et cela par son propre frère. Les frères des rois tués, maintenant eux-mêmes rois, préviennent la guerre dans la mesure où les troupes norvégiennes sont autorisées à traverser des territoires danois pour une guerre de rapine contre la Pologne. Or voici que le jeune Hamlet a été appelé par le fantôme de son guerrier de père à venger le forfait dont il a été la victime. Après avoir quelque peu hésité à répondre à un acte sanglant par un autre acte sanglant, voire déjà résolu à s'exiler, il rencontre sur la côte le jeune Fortinbras qui est en route avec ses troupes pour la Pologne. Subjugué par cet exemple guerrier, il fait demi-tour, et, en un barbare carnage, saigne son oncle, sa mère et se saigne lui-même, abandonnant le Danemark au Norvégien. Dans ces processus, on voit cet homme jeune mais déjà un peu replet appliquer de façon fort insuffisante la raison nouvelle qu'il a ramenée de l'Université de Wittenberg. Dans les affaires féodales où il se retrouve plongé, elle lui fait obstacle. Face à la déraisonnable pratique, sa raison n'est absolument pas pratique. Il est tragiquement victime de la contradiction entre une telle manière de raisonner et un tel acte. Cette lecture de la pièce, qui supporte plus d'une lecture, pourrait, à mon sens, intéresser notre public.»

(*Petit Organon pour le théâtre*, paragraphe 68, 1948, L'Arche)

2. L'intrigue

La mécanique de la pièce

Le mot, avec son parfum de théâtralité un peu vieillotte, nous place sur un terrain connu, celui de pièces machinées, littéralement «embrouillées» par l'auteur pour capter l'intérêt du spectateur et le conserver jusqu'au dénouement. Bien que ce ne soit pas vrai de toute intrigue, la connotation d'action complexe et à rebondissements existe dans l'usage.

Faire apparaître l'intrigue d'une pièce consiste à se placer au cœur de la fiction et d'en démêler les fils pour dénuder la mécanique qui la sous-tend. L'intrigue s'attache à la construction des événements, à leurs rapports de causalité, là où la fable n'envisageait qu'une succession temporelle des faits. De ce point de vue, elle donne une vision plus abstraite de la pièce, elle correspond à une modélisation relative des œuvres.

Le problème, c'est qu'il n'existe pas de méthode à proprement parler pour déterminer l'intrigue, et que les éléments qui la constituent renvoient à un modèle implicite, celui d'une pièce construite autour d'un ou plusieurs obstacles, de conflits qui culminent au nœud et se résolvent au dénouement. Repérer l'intrigue revient donc à juger de la progression extérieure d'une action dramatique, en examinant comment les personnages se sortent des situations conflictuelles qu'ils connaissent. Nous creusons un peu sous la fable pour déterminer un fonctionnement de l'action sans qu'il soit possible d'ignorer la fiction et les personnages qu'elle met en jeu.

Cette recherche d'un point de vue technique pour faire apparaître la construction qui sous-tend l'œuvre, s'accompagne d'un point de vue inévitablement culturel (le lexique emprunte en premier lieu au classicisme) et personnel. Une part de tâtonnement, pas nécessairement condamnable, est inévitable.

Un conflit peut en masquer un autre

Le repérage du conflit principal est la première tâche. Il y a conflit quand un sujet est contrarié dans son entreprise par un autre sujet (par un personnage) ou quand il rencontre un obstacle, social, psychologique, moral. Eraste veut épouser Julie, l'arrivée à Paris de

Monsieur de Pourceaugnac, encouragée par Oronte, père de Julie, l'en empêche. C'est là une forme banale du conflit de la comédie, le motif du projet amoureux retardé ou empêché. Mais le conflit peut faire intervenir des forces morales ou idéologiques, voire métaphysiques, quand l'homme se heurte à un principe ou à un désir qui le dépasse. Antigone s'oppose à Créon, Dom Juan au Commandeur, Rodrigue est déchiré par un conflit intérieur qui oppose son amour à son devoir. Nous sommes là en terrain familier, peut-être même un peu trop.

En effet, le repérage rapide, et presque automatique, du conflit, masque la complexité d'une pièce ou empêche de la saisir. Quand nous nous engouffrons avec innocence dans l'annonce du mariage impossible de Pourceaugnac comme conflit, nous n'avons pas tort du point de vue de la mécanique de la pièce. Mais nous passons à côté d'un autre conflit, qui n'est pas traditionnel dans la comédie et qu'un simple jeu d'oppositions entre deux personnages ne dévoile pas. C'est le face-à-face entre une noblesse parisienne à court d'argent et une noblesse de robe, provinciale ici, accusée de toutes les tares et de tous les ridicules. Nous l'aurions envisagé de toutes façons ? Pas sûr, quand on relit la critique traditionnelle qui glose avec bonheur sur la «mécanique de la farce» et sur l'intrigue «médiocre» de cette «pièce à tiroirs». En rabattant l'analyse sur les personnages, nous nous plaçons sur le terrain de l'anecdote, rarement sur celui de l'Histoire.

Le risque du discours sur l'intrigue est celui d'une fausse profondeur, d'une recherche trop vite interrompue par une bonne réponse qui fait obstacle à l'émergence d'autres réponses et masque d'autres enjeux de l'œuvre. Comme il est relativement simple de mettre en lumière la construction d'une pièce, nous risquons, en exaltant l'échafaudage, de le prendre pour le monument.

L'intrigue ne se réduit pas au conflit. Mais celui-ci commande tout le lexique de l'art de la composition des pièces de théâtre. (voir ci-dessous).

Le discours des doctes du XVIIe siècle insiste sur le plaisir du spectateur que l'auteur ne doit jamais perdre de vue dans l'élaboration de sa pièce. Les incidents, événements, et autres péripéties de la poésie dramatique, comme on disait alors, doivent engendrer des effets attendus : la curiosité, l'inquiétude, l'attente, la suspension d'esprit qui culmine au nœud et se résout au dénouement. Le débat reste ouvert pour savoir s'il est préférable de mettre le spectateur dans la confidence, et donc de le préparer à ce qui va se passer, ou au contraire de le surprendre radicalement.

LEXIQUE DE L'INTRIGUE

– Selon les principes de la dramaturgie classique :

Exposition : Moment où le dramaturge fournit les informations nécessaires à la compréhension de l'action, où il présente les personnages et entre dans son sujet.

Pour les classiques, l'exposition doit «instruire le spectateur du sujet et des principales circonstances, du lieu de la scène et même de l'heure où commence l'action, du nom, de l'état, du caractère et des intérêts de tous les principaux personnages.»

Nœud : «Les causes et les desseins d'une action entrent dans l'exposition du sujet et en occupent le commencement ; ils ne peuvent manquer d'être suivis d'obstacles et de traverses, et par conséquent de former un nœud dans le centre ou le milieu de la pièce, et la résolution de ce nœud est l'achèvement ou la fin de l'action» ; (Abbé Nadal, *Observations sur la tragédie ancienne et moderne*, cité par J. Scherer).

Péripéties : Au singulier, pour Aristote, la péripétie est le renversement de situation du héros qui mène au dénouement, par exemple le passage du bonheur au malheur dans le dénouement tragique.

Au pluriel les péripéties sont des «coups de théâtre» ou «changements de fortune» qui modifient soudainement la situation, étonnent par un renversement de l'action. Elles soulignent qu'à l'intérieur d'une intrigue il ne saurait y avoir d'état égal du héros.

Dénouement :

«Un renversement des dernières dispositions du théâtre, la dernière péripétie, et un retour d'événements qui changent toutes les apparences des intrigues» (Abbé d'Aubignac, *Pratique du théâtre*)

«Le dénouement d'une pièce de théâtre comprend l'élimination du dernier obstacle ou la dernière péripétie et les événements qui peuvent en résulter ; ces événements sont parfois désignés par le terme de catastrophe.» (J. Scherer, *La Dramaturgie classique en France*).

– A comparer avec les notes de travail d'un auteur contemporain comme Michel Vinaver :

Abrupt :

«Impossible de ne pas être abrupt dans les démarrages. Il ne peut pas y avoir d'exposition. La naissance d'une pièce c'est comme une petite explosion atomique. Les mots partent un peu dans n'importe quel sens. C'est que justement, au départ d'une pièce, il n'y a aucun sens» (*Ecrits sur le théâtre*).

Frottement :

«Le quotidien étant le lieu du mal-défini, de l'indéfini, les événements s'y produisent par glissements. Peu fréquents, peu typiques sont les grands chocs, les affrontements aux contours nets, les péripéties décisives. On s'y frotte par le corps, par le regard et la parole, les opinions et les idées, les sentiments et même les passions. Le frottement est le mode privilégié du contact dans la vie journalière. Les surfaces n'étant jamais parfaitement lisses, le frottement provoque un échauffement, lequel entraîne des phénomènes de mini-fusion, d'altération de la matière. Le changement n'est pas nommé, désigné. Il tend à se constater après coup… Si elle veut investir ce champ, l'écriture théâtrale adopte elle-même le mode du frottement. Elle s'introduit dans les creux, elle longe les anfractuosités des relations, elle s'insinue dans les petites brisures et dans les aspérités de ce qui se présente comme une absence d'histoire. C'est à ce prix qu'elle fait surgir l'histoire (*Ecrits sur le théâtre*).

3. Saisir les structures profondes : le modèle actantiel

A la recherche d'un modèle

Le modèle actantiel s'est développé dans les années soixante-dix à partir des travaux de V. Propp (*Morphologie du conte*) et d'Etienne Souriau (*Les deux cent mille situations dramatiques*) qui tentaient de constituer une grammaire du récit. Les sémanticiens, et principalement, A.J. Greimas, précisèrent le modèle qu'une spécialiste comme Anne Ubersfeld entreprit de modifier en l'appliquant au champ théâtral.

«Sous l'infinie diversité des récits (dramatiques et autres) peut être repéré un petit nombre de relations entre des termes beaucoup plus généraux que les personnages et les actions et que nous nommons actants» (*Lire le théâtre*).

Anne Ubersfeld met en question la classique étude dramaturgique car elle ne peut s'appliquer à tous les textes connus. Elle préfère, à ce qu'il est convenu d'appeler le travail sur la «surface» du texte, la recherche des structures profondes par la mise en place du schéma actantiel, véritable syntaxe de l'action dramatique, seule à même de faire apparaître ses éléments invisibles et leurs rapports.

Patrice Pavis, lui, dans son *Dictionnaire du Théâtre*, met utilement de l'ordre dans ces concepts et distingue intrigue, action et modèle actantiel, en allant du moins abstrait au plus abstrait, de la structure superficielle à la structure profonde, de l'univers des personnages à l'analyse de la dynamique des forces intérieures qui régissent toute l'œuvre.

Les théoriciens de la narrativité étaient à la recherche d'un outil d'analyse qui rende compte de manière absolue de l'action de n'importe quelle pièce de théâtre, à n'importe quelle époque, sans qu'il soit nécessaire d'examiner ses déterminations apparentes. Cela exige un modèle suffisamment abstrait pour qu'il ne dépende pas de la prise en compte de personnages particuliers à l'intérieur d'une esthétique donnée, assez complet pour qu'il rende compte de l'action de manière satisfaisante à différents niveaux.

Le schéma à six cases

Le modèle actantiel combine un jeu de forces (symbolisé par un système de flèches) qui ne se confondent pas nécessairement avec les personnages et qui rend compte des structures profondes de l'œuvre. Il se présente de la manière suivante :

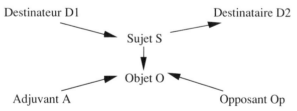

Destinateur D1   Destinataire D2
                  Sujet S
                  Objet O
Adjuvant A   Opposant Op

Il s'agit tout d'abord de repérer l'axe principal qui traduit la dynamique de l'œuvre, littéralement son moteur, en isolant le sujet et l'objet de l'action et ce qui les réunit, la flèche de la quête, de la volonté, du désir. Ainsi, nous écrivons que : S → O. Il nous faut déterminer l'identité du sujet dans le texte, mais il est impossible de le séparer de ce qui le lie à l'objet et qui constitue sa recherche. Le sujet peut donc se confondre avec le héros, bien que ce ne soit pas toujours le cas. Le repérage de ce couple central est déterminant, mais il se fait hors de toute psychologie, le sujet et l'objet étant nécessairement liés et l'accent étant mis sur cette dynamique qui les unit. Il n'est pourtant pas nécessaire de la nommer en lui donnant un sens. Cette flèche exprime littéralement un «mouvement» qui passe du sujet vers l'objet et qui peut prendre des formes aussi diverses que l'amour, l'appropriation, la destruction. Le sujet (qui peut être aussi bien un individu qu'un groupe), est forcément animé, alors que l'objet peut être une abstraction (le pouvoir) mais qu'il est figuré sur scène par un personnage ou un groupe.

Un second couple oppose adjuvant et opposant, et il est assez facile à repérer, puisqu'il s'agit des forces antagonistes qui aident le sujet à accomplir sa quête ou au contraire qui tentent de l'en empêcher. Traditionnellement, dans la quête amoureuse, par exemple, les confidents et serviteurs sont du côté des adjuvants, les parents ou la société du côté des opposants. Mais il peut exister des figures plus complexes, selon les moments de l'action et les changements de camp, ainsi que des faux adjuvants ou des adjuvants momentanés.

Le troisième couple, celui qui oppose destinateur et destinataire, est le plus difficile à identifier parce qu'il est le plus abstrait et qu'il est rarement représenté par des personnages ; il est aussi le plus intéressant parce qu'il fait entrer dans le schéma les enjeux idéologiques. La case du destinateur est occupée par tout ce qui fait agir le sujet, celle du destinataire par ce à quoi il attribue sa quête. Pour remplir la case D1, il faut répondre à la question «A cause de qui ou de quoi le sujet agit-il ?», et pour remplir la case D2, «Pour qui, pour quoi le sujet agit-il ?». Dans les deux cas on peut parler de «motivations» à condition de ne pas donner à ce terme un sens psychologique, mais plutôt une dimension sociale ou métaphysique.

Nous pouvons traduire la totalité du schéma par une phrase grammaticalement construite où l'action principale (la flèche du désir qui réunit sujet et objet étant littéralement le verbe) est entourée des circonstances qui la modifient et la gouvernent. Il est donc possible de parler d'une syntaxe dramatique où les différents éléments de l'action trouvent leur place.

A titre d'exemple, voici le modèle que propose Anne Ubersfeld dans l'hypothèse de tout roman d'amour, de toute quête amoureuse :

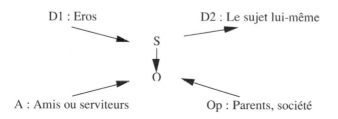

Problèmes de méthode

Notre description très sommaire de cet outil d'analyse le fait apparaître à la fois comme trop simple et comme trop compliqué, puisque nous avons l'air de mettre en équation des données aisément repérables dans le texte, ce qui rendrait la démarche à peu près inutile. En fait, l'intérêt du schéma actantiel est d'offrir un cadre propice à la manipulation des forces qui se confrontent dans le texte et par là, d'apprendre, en essayant diverses solutions, à nous méfier des évidences. D'autre part, il permet d'échapper à la seule détermination psychologique que donne l'entrée par les personnages en faisant apparaître comment ils se regroupent et comment ils sont inéluctablement liés les uns aux autres par une syntaxe qui est celle de l'action. A la limite, il n'est pas nécessaire de trouver «le bon» schéma actantiel, mais, en essayant plusieurs solutions, de prendre conscience de la complexité des enjeux que masquent parfois les notions de fable et d'intrigue. Il faut d'abord procéder à différents «essayages» de modèles, où l'identification du couple sujet-objet entraîne tout le reste. La pertinence des schémas obtenus se mesure par comparaison.

Dans *Monsieur de Pourceaugnac*, poser le limousin comme sujet amène la construction d'un modèle connu, celui du mariage contrarié, où Julie est l'objet et tous les autres personnages, y compris Oronte, sont les opposants. Il est intéressant de noter l'absence totale d'adjuvants, alors qu'on peut placer dans cette case deux «faux» adjuvants, Sbrigani et Eraste qui en profitent pour mieux tromper Pourceaugnac.

Une seconde solution, tout aussi classique, est de centrer le modèle autour de la relation Eraste-Julie, ce qui fait de Pourceaugnac un opposant et fait apparaître en D1 les raisons financières du projet de mariage d'Eraste, jeune noble en difficulté. Le déséquilibre naît cependant du seul rôle d'opposant fait à Pourceaugnac.

Une troisième solution inverse le premier modèle en plaçant Pourceaugnac comme objet, et les instigateurs de la machination comme sujet collectif, en tenant compte de la rage avec laquelle ils veulent éliminer le limousin. Les collaborateurs du complot (médecins et masques) se retrouvent adjuvants, personne ne se trouvant du côté de Pourceaugnac. En D1 comme en D2 on peut placer la Société, une certaine conception de l'ordre des choses qui fait que Pourceaugnac dérange moins par son projet de mariage que par le fait qu'il existe en tant que représentant d'une noblesse de robe aisée qui en fait un bouc émissaire.

Aucun de ces schémas n'est totalement absurde, chacun fait apparaître des dimensions différentes de l'œuvre, plus complexes dans le dernier exemple. Celles-ci apparaissent au cours du travail de manipulation, d'essayage de solutions auxquelles nous nous livrons.

Pour être précis, il est utile de décomposer le texte en moments successifs (qui peuvent correspondre à son organisation propre) et trouver à chaque fois les schémas correspondants aux unités ainsi découpées. Ceci évite de vouloir d'emblée trouver un schéma unificateur satisfaisant. Le schéma final, quand il existe, s'établit à partir de l'ensemble des schémas partiels

En travaillant avec cet outil, et c'est bien là sa difficulté, nous nous plaçons dans une position où il faut déjà avoir une très bonne connaissance de la pièce et cependant maintenir une sorte d'innocence dans les essayages afin de ne pas appliquer de manière mécanique des solutions que nous aurions déjà anticipées. Faute de quoi, la montagne accoucherait d'une souris. C'est particulièrement net dans la recherche des enjeux idéologiques, politiques, historiques, où nous ne pouvons nous maintenir à la surface des personnages mais pas, non plus, aller droit à des abstractions plaquées sur le texte qui ne correspondent à aucune des figures scéniques concrètes.

Les forces qui occupent D1 et D2 ont pour nom, par exemple, La Cité, La Société, Dieu, Eros, Vénus et Le Pouvoir. Elles s'incarnent parfois dans des personnages ou dans des groupes de personnages. Le père de Dom Juan ou celui de Rodrigue se font les porte-paroles de l'ordre régnant. La Cité peut se faire entendre par la voix du chœur dans les tragédies antiques, mais elle est de toute façons presque toujours présente dans les préoccupations des héros. La présence de Vénus «à sa proie attachée» est une force non représentée mais présente dans le discours qui trouve une place possible en D1 pour un schéma actantiel de *Phèdre*. Selon le choix du destinateur pour *Lorenzaccio*, nous éclairons différemment la relation Lorenzo-Alexandre, surtout si, comme le texte semble y engager, nous tenons compte de la présence constante de la ville de Florence dans le texte. La vieille alternative entre crime politique et crime privé trouve ici un éclairage plus rigoureux selon les choix opérés dans la construction du modèle.

Parfois, la difficulté de remplir une case s'avère plus instructive que l'apport d'une solution toute faite. Comme le fait remarquer Anne Ubersfeld, l'impossibilité de répondre simplement à la question «qu'est-ce qui fait courir Dom Juan ?» pour remplir la case du destinateur soulève le problème central de la pièce de Molière et élimine bien des solutions anecdotiques.

Ce travail recoupe parfois celui de l'analyse de l'intrigue, mais il est plus ambitieux dans la façon dont il tend à saisir toutes les forces en présence et à inscrire l'action dans une perspective qui ne serait pas seulement technique, mais davantage historique et idéologique.

Limites

Nous avions noté un affaiblissement de la fable dans une partie du théâtre contemporain. Cette tendance s'accompagne d'une moindre importance accordée au sujet et surtout d'une dilution de l'action et des conflits qui rend plus délicat le repérage de la dynamique qui relie sujet et objet. A partir de Samuel Beckett se développe une dramaturgie pour laquelle on a dit, de manière excessive «qu'il ne se passait rien» mais où l'on assiste, en tout cas, à une diminution voire à une absence d'un désir identifiable chez les personnages. Il devient difficile de cerner les relations entre les actants en fonction d'un système, quand tout le travail de l'auteur consiste justement à miner les schémas narratifs anciens et à mettre en lumière l'absence de causalité claire dans les comportements humains. Quand ni l'amour, ni la haine, ni la quête d'un quelconque pouvoir sont en jeu dans une pièce, il est plus difficile d'établir le modèle, ou alors le modèle est si évident à la surface de l'œuvre qu'il est vain de parler de structures profondes.

Fable, intrigue et structures profondes sont incontestablement liées, bien qu'elles correspondent à trois niveaux d'analyse différents. Dans un projet de passage à la scène, il est utile d'établir la fiction en s'interrogeant sur ce qui est raconté. Selon le type de pièce, il est possible de décrire les mécanismes de l'intrigue ou de constater que nous sommes en face d'une œuvre qui échappe à ce type de machinerie et qui s'inscrit donc dans une dramaturgie où les ressorts usuels sont évités. Vinaver oppose d'ailleurs à ce sujet, ce qu'il appelle fort bien les «pièces-machines», plutôt fondées sur la surprise, aux «pièces-paysages» dont les formes, plus légères et moins évidentes à établir, n'entretiennent pas avec le lecteur-spectateur des relations fondées sur la découverte soudaine d'événements inattendus. Celles-là ne livrent progressivement leur secret qu'à travers une fable mince ou très ambiguë et des micro-conflits davantage inscrits dans le langage que dans l'architecture d'ensemble.

Les structures profondes, enfin, en appellent à l'élaboration du sens et par là recoupent le projet de fable subjective, celle qui sera donnée à voir dans la représentation. Nous y reviendrons dans le chapitre 6 à propos du travail du lecteur.

Dès maintenant, il est clair qu'il est difficile de séparer ce que la pièce raconte de la façon dont la fiction est mise en œuvre. La dramaturgie travaille à ces deux niveaux en s'efforçant de répondre à la question essentielle, celle de l'élaboration du sens, c'est-à-dire à la question de savoir pourquoi et comment «ça» raconte. Tâche ambitieuse et impossible, toujours renouvelée et qu'on ne saurait confondre avec une simple description de procédés ni couper d'une réflexion sur le travail du lecteur ou du spectateur.

APPLICATIONS PRATIQUES

1. *Continuez à établir la fable proposée pour* Bérénice *en ayant en tête deux préoccupations : éviter tout effet de style (donc, d'une certaine façon, toute «dramatisation» du récit) et jouer le plus possible de l'usage des temps du passé qui rendent compte de la chronologie et opposent bien situation et événements.*

2. *On parle parfois de la «part» d'un personnage dans une fable, c'est-à-dire de la sélection des événements auxquels il a été mêlés et ceux dont il a eu connaissance, à l'exclusion de toutes les informations qu'il n'a aucune raison de détenir. A partir de là, il est possible d'établir le «parcours» d'un personnage dans une pièce. Faites ce travail pour Bérénice, Antiochus et Titus et regardez de près les recoupements et les oppositions.*

3. *Après lecture de la fable d'Hamlet proposée par Brecht, essayez d'établir précisément ce que Brecht minimise ou occulte dans le récit pour donner une cohérence à ses choix. A partir de là, construisez une seconde fable pour Hamlet en veillant à maintenir un point de vue, c'est-à-dire une cohérence et une nécessité à vos propres choix.*

4. *On a beaucoup parlé «d'horlogerie» à propos de l'intrigue du Mariage de Figaro de Beaumarchais. Analysez-la à l'aide de schémas en vous montrant sensible, jusqu'à l'excès, aux mécanismes ainsi mis au jour.*

5. *Entraînez-vous à l'analyse actantielle sur des œuvres que vous connaissez bien en vous livrant à plusieurs «essayages» de schémas. Accordez une attention particulière au couple destinateur/destinataire en comprenant bien ce que vous engagez à chaque fois du point de vue idéologique.*

6. *En reprenant la terminologie de Vinaver (pièces-machines et pièces-paysages), voyez si elle s'applique aux pièces que vous connaissez.*

LECTURES CONSEILLÉES

ARISTOTE,
Poétique, Paris, Livre de poche, 1990.

BARTHES Roland,
«Introduction à l'analyse structurale des récits», *Communications* n° 8, Paris, Seuil, 1969.

BRECHT Bertolt,
Écrits sur le théâtre, et *Journal de travail*, Paris, L'Arche, 1972 et 1976.

MONOD Richard,
Les Textes de théâtre, Paris, Cedic, 1977.

PAVIS Patrice,
Dictionnaire du théâtre, Paris, Editions sociales, 1980.

PROPP Wladimir,
Morphologie du conte, Paris, Seuil, 1965.

SCHERER Jacques,
La Dramaturgie classique en France, Paris, Nizet, 1950.

SOURIAU Etienne,
Les deux cent mille situations dramatiques, Paris, Flammarion, 1950.

UBERSFELD Anne,
Lire le théâtre, Paris, Editions sociales, 1977.

III. L'espace et le temps

L'espace et le temps sont des catégories abstraites, difficiles à saisir à la lecture du texte, et qui engagent pourtant radicalement la représentation. Les metteurs en scène savent à quel point le choix de l'espace détermine leur travail ultérieur et que le rythme d'une représentation est une donnée capricieuse qui échappe souvent aux meilleures intentions. C'est donc une sorte de paradoxe que prétendre repérer dans le texte des données qui seront, de toutes façons, méconnaissables à la scène.

Pourtant, les marques spatio-temporelles d'un texte sont le signe de son esthétique. Elles organisent le microcosme de la fiction et la structurent selon des principes décisifs. Il n'est qu'à se référer à la discontinuité brechtienne, à la fameuse unité classique ou au goût moderne pour le fragment pour comprendre l'importance des différences dans la façon de mener le récit. Le lisse et le continu, l'elliptique et l'allusif, le fragment et l'éclat, l'unique ou le multiple, en se référant à des structures spatio-temporelles, nomment des façons différentes de saisir le monde.

1. Un exemple de choix spatio-temporels opposés : sensibilité baroque et goût classique

On ne comprend bien le principe d'unité cher aux classiques que si on le confronte à l'esthétique des dramaturges baroques que l'usage scolaire français a quasiment banni du savoir, ou étiqueté «pré-classiques» comme pour signifier qu'il n'existait qu'une évolution possible.

Le multiple et le simultané

Pour la sensibilité baroque, impossible de concevoir une fable sans qu'elle développe simultanément plusieurs «fils», plusieurs actions qui n'ont en apparence rien à voir entre elles, même si des hasards bien menés finissent par les faire se rejoindre. Ces actions multiples adviennent dans des lieux différents, si possibles pittoresques et sans liens entre eux. Le *Mémoire* de Mahelot, sorte de décorateur-régisseur du théâtre de l'Hôtel de Bourgogne, énumère pour chaque pièce les compartiments indispensables à la représentation : somptueux palais, antres sauvages, bois, auberges, chambres «ouvrantes», rivage désolé où un vaisseau est venu s'échouer.

Il n'est qu'à se reporter aux textes de Rotrou, de Mairet ou de Du Ryer pour saisir la relation entre les exigences de la fable et l'organisation de la scène. *La Belle Alphrède* de Rotrou commence sur un rivage africain et se poursuit dans un bois près de Londres, après diverses péripéties qui réclament à chaque fois un nouveau lieu. *Les Galanteries du duc d'Ossonne* de Mairet montrent l'extérieur et l'intérieur d'une chambre ainsi que la façon dont le héros s'y glisse à l'aide d'une échelle de corde. Ces lieux multiples sont indispensables à un imaginaire qui avance en donnant à voir de la réalité une succession de facettes. Le monde dont il est question est vaste, ouvert, diversifié, surprenant, et bien entendu, «bizarre». La scène suit comme elle peut et les décorateurs s'ingénient à multiplier les effets spectaculaires, les surprises et les trompe-l'œil.

Les textes élisabéthains relèvent de la même sensibilité, d'un goût équivalent pour le multiple. On court donc les tavernes, les palais et la forêt d'Ardenne si tel est le bon plaisir des personnages de Shakespeare. Mais la scène élisabéthaine, organisée de manière très différente, ne s'essouffle pas à rattraper par des essais réalistes la diversité du monde. Au besoin, avancent les historiens, les lieux étaient simplement indiqués par des pancartes, convention qui suffisait à clarifier la situation pour le spectateur, en jouant à peu près le même rôle que la didascalie pour le lecteur.

L'organisation du temps de la fiction va de pair avec la structuration de l'espace. Les auteurs se permettent de développer les épisodes compliqués de leurs histoires. Les héros prennent le temps de voyager, de vieillir, de méditer dans un désert lointain. Ils prennent le temps du désespoir et celui du changement, si bien que le récit alterne les moments où le temps est comme étiré pendant un monologue lyrique et ceux où l'action s'accélère et se condense quand l'aventure et les coups de théâtre reprennent le dessus. Parfois, elle s'accélère tellement qu'elle saute purement ct simplement un épisode par la grâce d'une ellipse. S'agit-il même encore d'une ellipse quand, par exemple, dans *La Force du sang* de Hardy (citée par Jacques Scherer), nous apprenons à la scène 1 que l'héroïne est enceinte et qu'à la scène 4 du même acte nous voyons son fils âgé de sept ans ! Les classiques s'amusèrent de ce temps démesuré, de ces pièces en cinq actes où l'on voyait le héros naître et mourir, de ces deux heures où se jouait la durée d'une vie. Sarrasin notait dans son *Discours de la tragédie* en 1639 .

> «Le peuple s'est étonné de voir que les mêmes acteurs devenaient vieux dans la même tragédie, et que ceux qui avaient fait l'amour au premier acte paraissaient au cinquième en figure décrépite.»

Au nom de la vraisemblance, les doctes s'attaquèrent à la question.

Les unités et la vraisemblance

L'usage scolaire présente la conception classique des unités comme la seule norme sérieuse en matière d'espace et de temps. Le lieu unique s'est imposé progressivement en France dans les années 1630. Dans les premiers temps d'usage de la règle, les auteurs s'ingéniaient dans leurs préfaces à prouver qu'ils étaient dans les règles, au prix parfois d'une entorse rendue nécessaire par une fable qui avait décidément du mal à se couler dans le moule des unités. Ces contorsions traduisent un moment de passage où les nécessités spatio-temporelles sont parfois ressenties comme extérieures au génie propre de l'auteur, même s'il s'efforce d'en accepter les principes. Ainsi, Corneille commente dans la *Préface* de sa tragicomédie, *Clitandre*, les difficultés qu'il a eues à inscrire dans les vingt-quatre heures une intrigue foisonnante ; il avoue que :

> «ceux qui n'ayant vu représenter *Clitandre* qu'une fois, ne le comprendront pas nettement, seront fort excusables.»

Encore habitués à des intrigues très «chargées de matière» les auteurs s'escriment à faire entrer dans le cadre nouveau certains anciens effets qu'ils affectionnaient, au prix de quelques grince-

ments. La nécessité intérieure n'avait pas toujours suivi les précep-
tes des doctes. En revanche, dans la seconde moitié du siècle, le
«palais à volonté» et les vingt-quatre heures conviennent si bien à
la tragédie racinienne qu'on ne comprend même plus comment les
débats à ce sujet avaient pu exister.

Les discussions autour des unités viennent de l'exigence de
vraisemblance et d'un souci d'adéquation entre l'écriture et le
spectacle. Il paraissait étrange qu'une pièce dont le temps de
représentation n'excédait pas deux ou trois heures, pût se dérouler
sur plusieurs années. Mais pourquoi alors la règle des vingt-quatre
heures ? Une recommandation d'Aristote sert de référence ; il faut
que la tragédie :

> «s'efforce de s'enfermer, autant que possible, dans le temps
> d'une seule révolution du soleil ou de ne le dépasser que de peu.»
> (*Poétique*).

Toutes les interprétations suivirent ; certaines penchaient pour
douze heures au nom du «jour artificiel» ; d'autres, très scrupuleuses
en apparence, suivaient de près le philosophe. Ainsi, Corneille
écrivait en 1660 :

> «Je me servirais même de la licence que donne ce philosophe de
> les excéder un peu (les vingt-quatre heures), et les pousserais sans
> scrupules jusqu'à trente.» (*Troisième Discours*).

Ces débats, qui paraissent aujourd'hui quelque peu byzantins,
sont reliés à l'importance de la vraisemblance à cette époque dans
les choix spatio-temporels. Comme le dit l'Abbé d'Aubignac dans
sa *Pratique du théâtre*,

> «la vraisemblance doit toujours être la principale règle, et sans
> laquelle toutes les autres deviennent déréglées».

Jalons théoriques

Ce bref détour historique fait entrevoir comment l'organisation de
l'espace et du temps dépendent d'autres facteurs et d'une esthétique
donnée. Il nous permet de poser quelques jalons théoriques :

– Les exigences de temps et de lieu ne sont pas des excroissances
du texte ; elles ne relèvent pas d'une structuration externe, mais, au
contraire appartiennent en propre à l'organisation de la fable et au
monde qu'elle s'efforce de donner à voir. Il paraîtrait absurde
d'opposer aujourd'hui baroques et classiques au nom du respect ou

de l'irrespect des règles, puisqu'il est clair qu'il s'agit de deux univers qui n'ont rien à voir entre eux et que l'usage qu'ils font du temps et de l'espace leur est propre. Tout oppose des formes ouvertes, foisonnantes, multiples, compliquées, où la partie est préférée au tout, et des formes fermées, concentrées, unitaires, tendant vers l'harmonie de l'ensemble. Espace et temps sont des concepts qui rythment et structurent fortement ces deux visions du monde. Il nous faut considérer de la même façon tout texte de théâtre, comme un microcosme régi par une philosophie de l'espace et du temps qui lui est propre, sans référence explicite à des normes quelconques. L'histoire du théâtre fournit des repères indispensables, elle n'impose ni modèles ni étiquettes.

– Des organisations spatiales voisines, telles que repérées dans le texte, n'aboutissent pas nécessairement à des solutions scéniques équivalentes. C'est vrai historiquement si l'on se réfère à l'exemple élisabéthain et à l'exemple français des années 1630, où les usages scéniques des lieux multiples prévus par les textes, diffèrent à tous égards. Les habitudes locales, les salles existantes, les différents héritages esthétiques interfèrent. C'est encore plus vrai de la pratique théâtrale moderne où, bien qu'il existe des lieux scéniques déterminés qui pèsent sur la représentation, les scénographes et metteurs en scène déterminent pour chaque création un nouvel espace théâtral. Nous ne pouvons pas, dans l'étude du texte, nous limiter à ce qui semblerait convenir scéniquement, d'un point de vue logique, pour en déduire que c'est une bonne solution artistique.

– Les débats autour du temps font apparaître une différence importante entre le temps de la fiction, qui règle l'organisation du récit et sa chronologie (enchaînements, ellipses, retours en arrière) et le temps de la représentation (rythme, continuité ou discontinuité). Il s'agit, après repérage des marques du temps dans la fiction, de savoir comment communiquer au spectateur un concept aussi abstrait. Le temps de la représentation est un temps réel, réglé comme tel par différents rituels, le temps de la fiction est une abstraction pure, une métaphore qu'il s'agit d'inscrire dans la durée en en faisant sentir l'épaisseur et les caractéristiques propres.

– Certains auteurs déclarent penser à la représentation lorsqu'ils écrivent. Il arrive donc qu'ils attachent un soin particulier à la description de l'espace en ayant dans la tête un lieu théâtral déterminé. D'autres, à toutes les époques, écrivent sans se soumettre aux obligations matérielles du spectacle, et même sans obéir aux conventions théâtrales. Ceci ne fait aucune différence pour notre travail d'inventaire préalable du texte, le projet scénique d'un auteur n'engageant pas nécessairement la représentation. Il en est ici de l'espace comme du temps, les lieux prévus ou prévisibles dans la fiction peuvent s'inscrire tout autrement dans les choix scéniques ultimes.

– En fait, l'analyse se fait à deux niveaux. Dans un premier temps, il s'agit de repérer tout ce qui est objectivement de l'ordre de régie, c'est-à-dire les nécessités spatio-temporelles qu'impose apparemment la pièce. Très concrètement, il faut comprendre où et quand ça se passe, prendre en compte la liste des lieux, leur organisation, leurs retours, et établir une chronologie. Dans un second temps commence le travail plus délicat d'appréhension d'une poétique de l'espace et du temps. Tout texte est porteur d'un ou plusieurs espaces métaphoriques qui fondent l'univers de la pièce. Un scénographe a vite fait de lire l'indication scénique qui réclame un «palais à volonté». Son travail de création commence ensuite, puisque l'espace qu'il choisira n'a d'intérêt que s'il tient compte des structures de sens de l'œuvre.

En d'autres termes, le «palais à volonté» qu'il adopte ne figure pas simplement le lieu où ça se passe ; il accède à l'art s'il entretient une connivence profonde et entre en correspondance intime avec les autres structures du texte et les donne à éprouver de manière sensible à la représentation.

2. Analyse des structures spatiales

Les lieux dans les indications spatiales

Avant toute analyse, procédons au relevé des indications scéniques qui indiquent les lieux que l'auteur estime utiles au déroulement de la fable. Selon les esthétiques, ceux-ci seront précis et détaillés ou au contraire très flous voire totalement absents.

Chez Tchékov, dans *Oncle Vania*, nous relevons ainsi une indication générale, «l'action se passe dans la propriété de Sérébriakov» ; puis, pour l'acte premier ;

> «Un jardin. On aperçoit une partie de la maison, avec la terrasse. Dans l'allée, sous un vieux peuplier, une table est dressée pour le thé. Des bancs, des chaises ; une guitare est posée sur le banc. Un peu à l'écart de la table, une balançoire.»

Chacun des quatre actes est ainsi précédé d'indications précises et détaillées concernant le lieu et prévues pour que le jeu puisse s'y dérouler. Pour *Dom Juan* de Molière, une seule indication précède le texte : «La scène est en Sicile». Ce laconisme est ordinaire chez les classiques. Pour *Bérénice*, Racine précise que «la scène est à Rome, dans un cabinet qui est entre l'appartement de Titus et celui de Bérénice». Shakespeare n'est guère plus prolixe pour *Hamlet*, où nous apprenons que «la scène est à Elseneur». Pour Marivaux dans *La double inconstance*, «La scène est dans le palais du prince». Aucune indication chez Nathalie Sarraute où le texte de *Pour un oui ou pour un non* commence abruptement. Lemahieu titre la première scène de *Usinage* «La table de mariage». Mais Bernard-Marie Koltès donne une page d'indications avant *Combat de nègre et de chiens*, dont celles-ci concernant les lieux :

> «Dans un pays d'Afrique de l'Ouest, du Sénégal au Nigéria, un chantier de travaux publics d'une entreprise étrangère. (…) Lieux : La cité, entourée de palissades et de miradors, où vivent les cadres et où est entreposé le matériel :
> – un massif de bougainvillées ; une camionnette rangée sous un arbre ;
> – une véranda, table et rocking-chair, whisky ;
> – la porte entrouverte de l'un des bungalows.
> Le chantier : une rivière le traverse, un pont inachevé ; au loin, un lac. (…)
>
> Le pont : deux ouvrages symétriques, blancs et gigantesques, de béton et de câbles, venus de chaque côté du sable rouge et qui ne se joignent pas, dans un grand vide de ciel, au-dessus d'une rivière de boue.»

Par leur diversité, ces quelques exemples disent assez qu'il n'existe pas de régime absolu des indications sur lequel nous pourrions tabler. Elles sont à manier avec une certaine prudence dans le cas des textes anciens dont il est bon de recouper les éditions, certaines indications pouvant être apocryphes.

Que peut-on en tirer, en procédant par comparaison ? Tchekov n'éprouve pas le besoin de préciser que *Vania* se déroule en Russie ; la Rome de Racine est si évidemment la Rome impériale que l'indication ne le dit pas. La Sicile de *Dom Juan* intéresse-t-elle Molière en tant qu'île, en tant que région méditerranéenne, en tant que lieu mythique et un peu indéterminé cher aux pastorales de l'époque ? Cette Sicile là n'a-t-elle pas pour premier mérite d'éviter de nommer la France ? Quant à Koltès, sa minutie précise même la couleur rouge de la terre, mais il nous laisse le choix du pays d'Afrique, pourvu qu'il soit de l'Ouest.

Première conséquence, donc, une indication, même précise, peut en cacher bien d'autres, et un silence peut signifier aussi bien que le lieu n'a pas d'importance ou qu'il en a trop. Quant à la conception que se fait un auteur du pays où il place son action, elle dépend bien évidemment de l'époque (Qu'est-ce que la Rome impériale du XVIIᵉ siècle, l'Afrique de l'Ouest contemporaine ?) mais aussi des mythologies collectives ou personnelles.

Là où nous attendions peut-être des données exactes, nous nous trouvons en fait devant du texte laissant une large part à l'interprétation. Rien ne dit que Koltès tient absolument à chaque détail de son énumération, bien qu'il fasse une proposition d'espace détaillée qui suggère une atmosphère.

Toutes les indications ne sont pas opératoires, elles peuvent appartenir au champ du poétique en procédant par induction et en donnant à rêver au lecteur qui construit sa mise en scène. D'autres types d'indications, qui ne sont pas à proprement parler des didascalies, accompagnent d'ailleurs parfois une œuvre. Ainsi, de Koltès encore, dans *Carnets de combat de nègre et de chiens*, figurant à la fin du volume :

> «LE CHANTIER, À LA LUEUR D'ÉCLAIRS. Sur un terrain à l'infini, retourné où les plantes sortent leurs racines vers le ciel et enterrent profondément leurs feuillages –, un petit chiot blanc paniqué, couraille entre les pattes d'un buffle énorme, qui souffle et piétine, au milieu d'effervescences de boue fumante qui font des bulles entre les mottes de terre.»

Ça n'a plus rien à voir avec l'espace scénique à construire en termes stricts de régie ou de show-business, ça a tout à voir avec la dimension artistique de l'élaboration de l'espace théâtral.

Les indices spatiaux dans le texte

Dans le second temps du travail, confrontons les indications dont nous disposons avec le texte destiné à être prononcé par les acteurs et essayons, scène par scène, de comprendre où se passent, très matériellement, chacune d'entre elles. Quand les indications existent, vérifions soigneusement l'usage qu'en prévoit le texte, y compris quand elles concernent des meubles ou des objets prévus dans l'espace, par exemple le banc relevé plus haut chez Tchekov, le whisky chez Koltès.

Dès le début de *Bérénice*, il est fait allusion par Antiochus au cabinet de Titus. Le langage installe une relation à l'espace, l'action lui donne du sens :

> «Arrêtons un moment. La pompe de ces lieux,
> Je le voix bien, Arsace, est nouvelle à tes yeux.
> Souvent ce cabinet, superbe et solitaire,
> Des secrets de Titus est le dépositaire.
> C'est ici quelquefois qu'il se cache à sa cour,
> Lorsqu'il vient à la Reine expliquer son amour.
> De son appartement cette porte est prochaine,
> Et cette autre conduit dans celui de la Reine.»

> (Acte I, scène 1)

Dans tout le texte, notons donc les récurrences spatiales et observons comment elles peuvent se constituer en système. Chez Lemahieu, à la table de mariage succèdent des indications comme «dessus, dessous la table», «elle met la table», «le baptême», «la table d'enterrement». Surtout, notons comment le texte appelle un lieu, même sans le secours des indications. Celles-ci peuvent être très minces et ne dévoiler qu'avec fragilité l'existence d'un espace. Dans *Pour un oui ou pour un non*, H1 déclare :

> «C'est un peu pour ça que je suis venu» (p. 7).

H2 fait allusion à ses voisins :

> «Tiens, ici, tout près… mes voisins… des gens très serviables» (p. 22).

H1 (réitère :

> «Si c'est comme ça que tu me vois   Si c'était pour entendre ça… J'aurais mieux fait de ne pas venir» (p. 37).

Et enfin, H2 :

> «Oui, comme maintenant, quand tu t'es arrêté là, devant la fenêtre (…) Tu comprends pourquoi je tiens tant à cet endroit ? Il peut paraître un peu sordide… mais ce serait dur pour moi de changer… Il y a là… c'est difficile à dire… mais tu le sens, n'est-ce pas ? comme une force qui irradie de là… de… de cette ruelle, de ce petit mur, là, sur la droite, de ce toit… quelque chose de rassurant, de vivifiant…» (p. 39).

Il existe bien un espace, l'appartement de H2, chez qui H1 se rend en visite et qui semble naître progressivement du langage. Il est concret (il y a une fenêtre avec vue sur un petit mur, un toit, des voisins) et très abstrait malgré les démonstratifs (cette ruelle, ce petit mur, ce toit). Sarraute choisit de ne pas lui donner d'importance excessive, se garde de toute interprétation réaliste en ne fournissant aucune indication. On pourrait dire que cet appartement n'existe que dans la mesure où les personnages le nomment et lui accordent de l'intérêt affectif, et que tout se passe comme s'il ne préexistait pas à l'action, mais qu'il se concrétisait progressivement en fonction de celle-ci.

Ici, la question du passage à la scène est aiguë ; tout lieu trop réaliste écraserait un texte tout en nuances, mais se passer tout-à-fait de lieu concret n'est probablement pas la meilleure solution. Quand l'enquête spatiale est résolue dans sa partie artisanale, la suite dépend de choix artistiques.

Le hors-scène

L'espace qui n'est pas, en principe, destiné à la représentation, doit également être examiné. Il intervient dans la fable pour des scènes qui n'ont pas lieu, mais qui sont évoquées ou racontées par les personnages. Ceux-ci y ont commencé leurs parcours (ce sont alors, les lieux d'où ils viennent) ou bien ils vont les y poursuivre par intermittence (ce sont les lieux où ils se rendent, où ils se préparent à aller). Ces espaces absents mais littéralement présents «dans la coulisse» existent «hors texte» comme ils existent «hors scène» et parfois ils pèsent assez fort sur le texte ou sur la scène pour qu'on s'y arrête.

Les exemples les plus connus concernent la dramaturgie classique, toujours à cause des fameuses unités et à cause de l'importance du «hors scène». Bien entendu, nous ne voyons dans la tragédie ni les champs de bataille, ni le Sénat, ni le lieu des crimes, des exécutions ou des catastrophes finales. On nous dit que l'action est concentrée dans le «cabinet» d'un «palais à volonté» et que la bienséance empêche la représentation des faits sanglants ou scabreux. Il n'empêche que ces lieux extérieurs, parfois dépeints précisément par le langage, n'en prennent que plus d'importance. Par exemple, dans la *Phèdre* de Racine, il est fait allusion à de nombreux espaces dangereux où Thésée s'est rendu, aussi bien les «enfers» que le Labyrinthe. Hippolyte, lui, n'a connu que d'ordinaires forêts :

> «Assez dans les forêts mon oisive jeunesse
> Sur des vils ennemis a montré son adresse».

> (Acte III, scène 5)

Mais il trouve la mort dans un paysage surprenant :

> «Cependant sur le dos de la plaine liquide
> S'élève à gros bouillons une montagne humide.

L'onde approche, se brise, et vomit à nos yeux,
Parmi les flots d'écume, un monstre furieux.»

(Acte V, scène 6)

Dans la plupart des tragédies où existent des pressions politiques, les cris du peuple arrivent, même s'ils sont filtrés, jusqu'aux cabinets secrets de ceux qui prennent les décisions. L'extérieur trouve à se manifester, même avec cette relative discrétion.

L'univers spatial d'un texte se définit aussi bien par opposition à tout ce qu'il n'est pas que par tout ce qu'il est. Méfions-nous donc des justifications trop rapides de choix spatiaux au nom de l'irreprésentable, et ne confondons pas les traditions et les règles avec les choix d'une esthétique. Pour une autre théâtralité, la mise en scène de la mort d'Hippolyte constituerait le clou du spectacle. En fait, tout est représentable au théâtre et il existe dans l'histoire des exemples de solutions scéniques pour montrer tout ce que l'on souhaite montrer, à l'intérieur d'un système de conventions. Champs de bataille et fantômes (Shakespeare) aussi bien que duels sanglants et décollations (Rotrou et ses contemporains, par exemple). Le grand théâtre du monde, revendiqué par les romantiques s'autorise à tout montrer, et dans ce tout figurent tous les lieux imaginables.

Si rien n'est impossible dans l'absolu, reste qu'un auteur procède à des choix dans sa façon de raconter, dans les lieux où il place ses personnages comme dans les lieux où il décide de ne pas les montrer. Un relevé spatial complet fournit donc tous les lieux de la fable, qu'ils soient donnés à voir ou non.

Par exemple, dans *Dom Juan*, Molière ne montre pas la mer sur laquelle Don Juan et Sganarelle se sont embarqués. Un récit copieux de la semi-noyade est fait par Pierrot («j'estions sur le bord de la mar...» II, 1) et confirmé par Don Juan («cette bourrasque imprévue a renversé avec notre barque le projet que nous formions» II, 2). Les historiens nous apprennent que d'autres *Dom Juan* étaient joués à l'époque, notamment par les comédiens italiens, et que la scène de la barque était prétexte à quantité d'acrobaties burlesques. Molière ne la montre pas, non parce que c'est impossible, mais parce qu'il en est ainsi dans son projet d'écriture. A nous ensuite, de comprendre pourquoi il préfère montrer le village au bord de la mer et Don Juan et Sganarelle se séchant plutôt que luttant contre la tempête. On peut dire, mais ça n'explique rien, que c'est parce qu'il est «classique», ou, par exemple, qu'il préfère ne pas exposer ses personnages dans une scène trop anecdotique. Ce «hors-scène» est cependant assez important pour avoir intéressé tous les metteurs en scène qui se sont attaqués à la pièce.

Le «hors-scène» peut aussi prendre la forme d'un «ailleurs» qui intervient moins directement dans la fable mais qui, par opposition, donne du relief aux lieux concrètement retenus. Dans *La double inconstance* de Marivaux, Arlequin et Silvia évoquent beaucoup le «petit village» d'où ils viennent et d'où on les a arrachés. Le texte oppose cet ailleurs champêtre et idyllique (que nous ne voyons jamais) au luxe inutile de la Cour du Prince et le passé villageois comme un Age d'or. L'opposition entre les deux espaces, l'un idéalisé, l'autre réel, structure la fable jusqu'au dénouement où les charmes des amours champêtres changent de sens.

Un «ailleurs» très célèbre est celui du *Misanthrope*, où le désert évoqué par Alceste à la fin de la pièce intrigue les commentateurs. Il est évidemment intéressant en tant qu'espace du «rien», lieu quasi-rêvé qui s'oppose à l'espace de la Cour et à la vie quotidienne dans les salons telle qu'Alceste ne veut plus la vivre. Désert «no man's land» ou désert métaphore de la mort (le départ d'Alceste s'apparenterait à un suicide) il peut être intéressant pour un scénographe d'y installer Versailles. Même si elle est trop radicale, la proposition rend compte de l'univers d'un personnage pour lequel il ne semble y avoir que cette alternative au salon de Célimène.

Un lieu peut être fréquemment parlé par les personnages depuis le lieu où ils se trouvent et servir d'exutoire à leurs fantasmes. C'est le cas, par exemple, de bien des personnages déplacés, vivant un exil réel ou imaginaire. Dans *Combat de nègre et de chiens*, l'Afrique de Léone se définit par opposition à ce qu'elle a emmené avec elle de France, des odeurs :

> «LÉONE – Savez-vous ce que je viens de découvrir, en ouvrant ma valise ? Les Parisiens sentent fort, je le savais ; leur odeur, je l'avais sentie déjà dans le métro, dans la rue, avec tous ces gens qu'il faut frôler, je la sentais traîner et pourrir dans les coins. Eh bien je la sens encore, là, dans ma valise ; je ne supporte plus. (…) Il me faudra le temps d'aérer tout ce linge. Que je suis contente d'être ici. L'Afrique, enfin !
>
> HORNE – Mais vous n'avez encore rien vu, et vous ne voulez même pas sortir de cette chambre.
>
> LÉONE – Oh j'en ai bien assez vu et j'en vois assez d'ici pour l'adorer. Je ne suis pas une visiteuse, moi. (…)»

Visiteuse immobile, Léone définit l'espace où elle arrive et qu'elle ne connaît pas, comme seul capable «d'aérer» celui dont elle vient et qui l'accompagne encore par valise interposée.

L'espace est aussi une donnée intérieure que les personnages traînent avec eux. C'est pourquoi nous ne pouvons en rester à l'analyse des lieux et des espaces «utiles» au déroulement de la fable et à sa représentation. Dans sa thèse sur Victor Hugo, *Le Roi et le bouffon*, Anne Ubersfeld a bien montré comment l'espace textuel révélait des tensions et engendrait une dynamique liée à l'action. L'espace est toujours à prendre ou à défendre, il s'apparente souvent à un territoire, révèle les enjeux et les fantasmes des personnages, et comme tel, il peut être une des métaphores qui donnent du sens à une œuvre.

L'espace métaphorique

Tout texte de théâtre contient des marques spatiales qui ne sont pas explicitement liées au projet de représentation et qui ne sont pas à prendre en compte à un premier niveau d'analyse. Cependant, tous les adverbes de lieu, verbes qui indiquent le mouvement, images, comparaisons, métaphores et d'une manière générale tout le lexique de l'espace, constitue un système révélateur, parfois plus riche que ne l'étaient les seules informations techniques.

Nous avons signalé déjà la minceur des indications concernant l'appartement où se déroule *Pour un oui ou pour un non*. Le même texte fournit pourtant quantité d'informations spatiales d'un point de vue métaphorique.

Voici, en vrac, un relevé partiel (pp. 24 à 29) sans idée préconçue, qui suit l'ordre du texte ; les énonciateurs ne sont pas spécifiés :

> «Jamais je n'ai accepté d'aller chez lui ; j'allais le voir ; chercher à m'installer sur ses domaines ; dans ces régions qu'il habite ; tu t'es toujours tenu en marge ; un marginal ; où en étions-nous ? ; il veut à toute force m'attirer ; là-bas chez lui ; il faut que j'y sois avec lui ; que je ne puisse pas en sortir ; il m'a tendu un piège ; il a disposé une souricière ; une souricière d'occasion ; l'occasion de faire des voyages passionnants ; continue ; je me suis avancé plus loin que je ne le fais d'ordinaire ; quelqu'un de bien placé ; une tournée de conférences ; A quoi bon continuer ? je n'y arriverai pas ; Continue ; tu aimes les voyages ; t'obtenir une tournée ; je pouvais reculer ; moi les voyages ; ainsi je restais dehors ; m'approcher de l'appât ; j'aurais été pris et conduit à la place qui m'était assignée, là-bas, ma juste place ; je me suis installé tout-au fond de la cage ; j'ai voulu

aussitôt me rehausser ; j'avais moi aussi une place ici chez eux, une
très bonne place ; il n'a eu qu'à me prendre ; il m'a tenu dans le creux
de sa main ; voyez comme il se redresse ; ah mais c'est qu'il n'est
pas si petit qu'on le croit ; comme un grand ; je ne peux pas suivre ;
il faut que je parte.»

Un travail complet devrait porter sur tout le texte. Dans un
second temps, nous repérons les récurrences des termes, les
réseaux de métaphores et les origines des répliques. Ensuite nous
pouvons entamer des classements et nous livrer à quelques hypothèses. En ce qui concerne ce passage, nous avançons les
propositions suivantes :

– Il est fortement question de la place de chacun, de manière
concrète (les chez soi, les appartements) mais aussi socialement.
C'est H1 d'ailleurs qui connaît quelqu'un de «bien placé». On
pourrait presque parler de territoires.

– Quelques verbes indiquent un mouvement important, aller
chez l'autre, (vers l'autre ?) esquisser un mouvement vers le
territoire. Il semble que ce mouvement soit exclusivement de H2
vers H1.

– Etrangement, aux origines de cette capture, une proposition de
départ (la tournée, les voyages). Accepter de partir revenait à tomber
dans le piège, s'en aller menait à l'emprisonnement.

– La verticalité désigne l'un des territoires, élevé et comme
inaccessible, mais aussi la taille des protagonistes (grand/petit). La
problématique de l'élévation (cf. être bien placé) se double d'une
métaphore concernant la taille de chacun. A rapprocher du fait que
les personnages sont des amis d'enfance. Voir aussi se rehausser, se
redresser, et le fantasme lilliputien d'être dans la main de l'autre.
(être pris par l'autre ?).

– Les métaphores désignent aussi ce qui est dit : ils continuent,
avancent, reculent, vont trop loin, par la parole. Ce qui apparente le
dialogue à un échange stratégique par lequel on prend ou on
abandonne l'espace, très précisément à un duel.

Cette brève analyse ne signifie pas que les pistes textuelles sont
toutes à traduire telles quelles (et donc avec naïveté) dans l'espace
scénique ou dans le jeu. Elle enrichit cependant beaucoup la
première image, purement utilitaire, de l'appartement, en en faisant
un territoire élevé, dangereux, piégé, où l'on ne se présente pas sans
risques. L'espace prend sens, en même temps que l'action banale de
la visite de l'un chez l'autre. Il est clair aussi que Sarraute ne cesse
de jouer avec le langage et avec ses dérapages. Le lieu de la parole

est peut-être le véritable espace de l'affrontement, car aller chez l'autre, dans la pièce, c'est engager la conversation. Pour Sarraute, s'il existe un territoire dangereux sur lequel un individu ne saurait s'engager sans risques, c'est celui de l'échange verbal, avec tous ses pièges et ses incertitudes. C'est aussi le lieu où l'on risque littéralement d'être «dans la main» de l'autre.

Le travail sur l'espace débusque des réseaux de sens qui ne concernent pas nécessairement l'espace scénique mais qui font avancer dans la compréhension du texte.

3. Analyse des structures temporelles

Comment parvenons-nous à «penser» le temps dans le texte alors qu'il s'agit d'une donnée encore plus abstraite ? Nous l'avons vu, le temps intervient à plusieurs niveaux. En premier lieu, dans la fable, quand nous établissons une chronologie qui rétablit le déroulement des événements, leur succession, la façon dont ils sont longuement développés ou au contraire resserrés et comme concentrés, voire esquivés par ellipses, renvoyant à des formes continues (dramatiques) ou discontinues (épiques). Nous ne revenons pas sur ces analyses esquissées sous une autre forme au chapitre 2 à propos de la fable et de l'intrigue.

A un troisième niveau, le temps trouve une dimension métaphorique équivalente à celle de l'espace. Il peut ainsi exister un temps propre à chaque personnage qui traduit leurs préoccupations et les chocs des différentes subjectivités.

Toutes ces données temporelles passent dans la représentation. Ces questions ne nous concernent pas directement ici, mais constatons cependant que si l'espace scénique adopté dans la représentation concrétise tous les choix spatiaux opérés en amont, rien de tel n'intervient pour le temps dont les marques sont comme diluées dans le texte, l'espace, les personnages, le rythme du spectacle. Il est évidemment difficile de faire sentir «le temps qui passe», il l'est encore davantage de faire sentir celui qui ne passe pas, et par exemple de transmettre l'ennui sans ennuyer ou la durée sans lasser. Saisir le temps comme métaphore est donc une opération d'autant plus précieuse.

Sur quelques marques du temps dans le texte

La marque ordinaire du passage du temps dans le texte est l'arrêt, l'interruption, littéralement l'entracte, parfois souligné par l'indication, scénique d'un «noir». Ces vides de l'action où le temps s'engouffre sont traités différemment du point de vue dramaturgique. Pour les classiques, il faut justifier et donc remplir de manière cohérente les espaces entre les actes, et comme nous l'avons vu, occuper les personnages même quand ils ne sont pas là. Ceci revient à établir une sorte de «nappage» temporel. L'usage moderne, qui joue beaucoup de l'ellipse, manie allègrement la fracture en renvoyant au lecteur ou au spectateur le soin de faire occuper mentalement ce temps.

D'autres marques textuelles renvoient explicitement à la scène et à des procédés qui ont fini par constituer une tradition. En déréglant la pendule qui rythme le temps du couple Smith dans *La Cantatrice chauve*, Ionesco ironise sur un vieux truc utilisé souvent par les dramaturges réalistes et qui consiste à donner l'heure sur scène en faisant sonner une horloge ou quelque clocher au lointain. Par un procédé comparable, Beckett marque un curieux passage de saison dans *Godot* en faisant pousser les feuilles de l'unique arbre du décor en ce qui semble être une seule nuit. Dans les deux cas, les dramaturges jouent avec la convention théâtrale très artisanale qui consiste à faire prendre en charge les marques du temps par la bande sonore ou par un signe visuel explicite. Les auteurs sont les maîtres du temps au point qu'ils peuvent faire sonner les pendules autant de fois qu'ils le désirent ou faire se succéder les saisons comme par magie. Mais cette maîtrise est bien dérisoire laissent-ils entendre, si elle ne sert qu'à fournir à la scène des signes grossièrement établis et donc à renoncer à l'avance à une traduction fine ou plus subjective de la temporalité.

Ces allègres caricatures des conventions scéniques ne doivent pas empêcher de prendre au sérieux un théâtre pour lequel l'établissement précis de la temporalité est essentiel. Ainsi, dans le début de *La Cerisaie* de Tchekov, le redoublement d'informations donne la mesure de l'enjeu temporel pour une œuvre qui parle précisément du «passage» du temps et de ses conséquences. Tout d'abord dans les indications scéniques qui précèdent l'acte I :

> «C'est l'aube ; le soleil va bientôt se lever. Le mois de mai, les cerisiers sont déjà en fleurs mais dehors il fait froid ; gelée blanche. Les fenêtres sont fermées. Entrent Douniacha, portant une bougie, et Lopakhine, un livre à la main.»

Puis dans le début du dialogue :

«Lopakhine : Le train est arrivé, Dieu merci. Quelle heure est-il ?
- Douniacha : Bientôt deux heures. *(Soufflant sur la bougie)* : Il fait déjà clair.»

Ce qui est en question est moins l'abondance et la précision de ces indications que le degré de subtilité avec lequel elles interviendront en scène de telle manière qu'elles s'accorderont avec l'ensemble de l'œuvre. Il faut donc dépasser l'anecdote et ne pas s'attacher à un référent exclusivement réaliste. La temporalité théâtrale qui s'inscrit d'emblée est celle d'une attente, celle de l'aube, celle d'un printemps encore incertain, celle du train dont l'arrivée marque la fin d'une époque, le séjour de cinq ans à l'étranger de Lioubov. Les informations sont concrètes (l'heure, la saison) mais elles sont aussi porteuses d'une autre dimension, propre à la pièce. Une époque s'achève enfin et une autre commence, qui est comme porteuse d'espoir. Comme pour l'espace, la lecture du temps se fait à plusieurs niveaux. Il ne faut pas négliger le temps du récit qui l'inscrit dans une durée réelle, celle de l'histoire, celle que nous pouvons mesurer de là où nous sommes. Nous accédons ensuite à une compréhension du temps tel qu'il structure l'œuvre et lui donne du sens. Le printemps de *La Cerisaie* est n'importe quel printemps tel que nous pouvons en avoir connu ou en imaginer. En plus c'est ce printemps *là*, celui qui fait refleurir les cerisiers menacés au moment même où Lioubov revient de voyage, un printemps qui est le point de départ de la fable.

Le dialogue fournit des indications qui inscrivent l'action dans un temps réel, ou plutôt universel, et qui donnent aussi du sens à ce temps. Ainsi dans le début de *Phèdre*, les six mois d'oisiveté dont parle Hippolyte impatient de quitter Trézène pour aller à la recherche de Thésée marquent la fin d'un équilibre précaire et donnent une épaisseur à cette durée. Ce sont six mois particuliers, d'abord énoncés :

«Dans le doute mortel dont je suis agité,
Je commence à rougir de mon oisiveté.
Depuis plus de six mois éloigné de mon père,
J'ignore le destin d'une tête si chère ;»

Puis colorés différemment :

«Cet heureux temps n'est plus. Tout a changé de face,
Depuis que sur ces bords les Dieux ont envoyé
La fille de Minos et de Pasiphaé.» *(Acte I, scène 1)*.

Chaque œuvre installe donc son propre système temporel dont on peut chercher la cohérence du point de vue de la fiction et aussi, comme nous l'avons fait pour l'espace, l'intérêt métaphorique.

Le temps métaphorique

Comme nous l'avions proposé pour l'espace dans *Pour un oui ou pour un non*, nous pouvons faire le même travail pour le lexique et la grammaire du temps dans *La Double inconstance* de Marivaux. Nous faisons cette fois l'économie des citations du relevé systématique dans le texte et nous passons immédiatement à l'analyse des données temporelles.

Par commodité, nous retenons deux axes temporels principaux, celui du Prince et celui du couple Silvia/Arlequin, dans la mesure où les enjeux concernent surtout ces trois personnages.

Le temps du Prince s'articule autour d'une donnée inhabituelle pour celui-ci, l'attente. Il attend que Silvia accepte de l'épouser. Cette attente a commencé au moment de la rencontre, énoncée dans la meilleure tradition pastorale :

> «Je vous ai dit qu'un jour à la chasse, écarté de ma troupe, je la rencontrai près de sa maison ; j'avait soif, elle alla me chercher à boire : je fus enchanté de sa beauté et de sa simplicité, et je lui en fis l'aveu. Je l'ai vue cinq ou six fois de la même manière (…)» (*Acte I, scène 2*).

A ce passé auquel le Prince reste attaché correspond un futur annoncé par les astrologues et qui correspond à la Loi de ses Etats, comme le rappelle Trivelin :

> «Je vous dirai même qu'on lui a prédit l'aventure qui la lui a fait connaître, et qu'elle doit être sa femme ; il faut que cela arrive ; cela est écrit là-haut.» (*Acte I, scène 4*).

Entre ce passé mythique et ce futur annoncé mais encore incertain, le présent est suspendu à l'arrêt des amours entre Arlequin et Silvia. Il en est donc réduit à prendre de leurs nouvelles ou à écouter des discours sur le temps. A son affirmation «Silvia ne m'aimera jamais», Flaminia réplique :

> «Silvia va vous donner son cœur, ensuite sa main ; je l'entends d'ici vous dire : «je vous aime» ; je vois vos noces, elles se font ; Arlequin m'épouse, vous nous honorez de vos bienfaits, et voilà qui est fini.»

«Tout est fini ? Rien n'est commencé.»

réplique Lisette qui en reste, elle, au temps réel de l'intrigue. Car tous les efforts de Flaminia et de Trivelin consistent à faire oublier au Prince cet interminable présent de l'attente, à réunir le passé et le futur, à se jouer des temps de la conjugaison et du temps réel. Le Prince ne doit pas attendre quand son désir, la Loi et les prédictions des astrologues coïncident. Il faut donc lui offrir un temps sans présent. «Fini, c'est fini, ça va finir» écrira Beckett à propos d'un autre présent qui n'a que trop duré.

Le temps de Silvia et d'Arlequin appartient à un autre monde et on peut dire qu'ils font dans la pièce l'apprentissage du temps. Leur amour était installé hors du temps, dans le bonheur pastoral d'un âge d'or où même les serments n'étaient pas utiles. Puis Silvia demande à être rassurée :

«Mais promettez-moi aussi que vous m'aimerez toujours.»

Avant de se raviser :

«Il n'y a qu'à rester comme nous sommes, il n'y aura pas besoin de serments.»

Et Arlequin :

«Dans cent ans d'ici nous serons tout de même.» (*Acte I, scène 12*)

Face à leur présent qu'ils commencent à vouloir éternel quand ils sentent qu'il leur échappe, la fonction des autres personnages est de leur proposer un futur. On leur fait des promesses d'avenir liées à l'amour du Prince pour l'une, à son amitié pour l'autre. Ils auront des richesses et deviendront autres. Tout l'enjeu est donc de ne pas changer, et pourtant ils changent. Leur seul futur était devenu la nécessité de se revoir, il est maintenant troublé par des «m'aimez-vous toujours ?» qui prouvent bien qu'ils sont entrés dans l'épaisseur de la durée, qu'ils sont devenus fragiles en cessant d'être intemporels.

La corruption de Silvia et d'Arlequin, c'est la corruption de leur rapport au temps, ou plutôt l'instauration du temps comme une donnée nouvelle et insolite dans leur univers. Ils ne vivaient qu'au présent et ne sentaient jamais la nécessité de nommer un futur. En entrant au palais, ils entrent dans un monde où la durée s'articule sur des images de réussite future, de bonheur à venir pour tous ceux qui y habitent. C'est la fin de leur paradis terrestre où l'amour était éternel sans qu'ils aient jamais besoin de se poser la question. On pourrait dire que *La double inconstance* est la rencontre entre des personnages qui ne vivent qu'au futur (donc des personnages caractérisés par leurs désirs) et des personnages si satisfaits de leur immersion dans le présent qu'ils sont bien incapables de se figurer une autre durée.

L'analyse des marques spatio-temporelles dans le texte croise une démarche objective (qu'est-ce qui semble *indispensable* à la représentation ?) et une démarche plus libre autour de la poétique du texte. Ces deux démarches sont complémentaires et sont toutes deux destinées à donner à rêver. Il est inévitable de partir de notre expérience de l'espace et du temps, indispensable d'entrer dans l'univers du texte où tous les glissements sont envisageables. Quel que soit le saut radical que la mise en scène opère en définitive, ce qu'elle s'autorise à oublier ou à souligner dans le texte existe au moins à l'état embryonnaire. La dramaturgie ne met pas en fiches, elle prépare le terrain de l'imagination. On ne rêve bien au théâtre que si on s'est donné les moyens de bien rêver.

APPLICATIONS PRATIQUES

1. Woyzeck *de Büchner (édité en français à l'Arche) est le premier grand exemple de texte organisé par fragments. Etablissez un relevé des lieux et travaillez à une chronologie en mesurant quels «vides» subsistent.*

2. *Dans* Phèdre *de Racine, les personnages évoquent fréquemment des espaces «extra-scéniques», parfois très détaillés. L'établissement de ces différents lieux et leur description, quand elle existe, vous révèle un envers de la pièce dont l'esthétique n'a rien à voir avec l'esthétique classique. A partir de ceux-ci, écrivez un synopsis pour une autre* Phèdre *qui montrerait des scènes se déroulant uniquement dans ces lieux.*

3. Par-dessus bord *est une pièce que Vinaver a écrite en 1967 comme un défi à lui-même, en évitant de se demander si elle était ou non jouable. L'œuvre intégrale comprend 50 personnages, 29 lieux, 9 heures de durée. La pièce fait figure d'exception dans le paysage dramatique français de l'époque, forcé de réduire ses ambitions – économie oblige. A sa lecture (Œuvres complètes de Vinaver, Editions de L'Aire théâtrale) faites-vous une idée précise de ces 29 lieux et de la façon dont ils alternent et se succèdent. La pièce a été créée à deux reprises à ce jour.*

4. Les Galanteries du duc d'Ossonne *de Mairet (éditée par Jacques Scherer dans la Pléiade) offre un bon exemple d'un système de facettes qui alterne espace intérieur et espace extérieur. En vous appuyant sur le texte, essayez de comprendre quelle conception de la scène le texte sous-entend.*

5. *Etablissez la chronologie des événements du* Cid *de Corneille de la manière la plus précise possible.*

6. *Anne Ubersfeld écrit à propos de l'espace de* Lorenzaccio, *dans son édition du Livre de poche :*

> «Florence est donc à la fois un lieu géographique et un lieu politique et même affectif, à la fois un espace concret et pour beaucoup de protagonistes l'objet d'une passion. Ce n'est pas par hasard si Lorenzo demande au petit peintre Tebaldeo de lui faire une vue de Florence. Mais en même temps qu'elle est une réalité centrale, la Florence de *Lorenzaccio* est un lieu éclaté, dispersé qui ne trouvera jamais une unité véritable, morale et politique. Ici la dispersion dramaturgique de l'espace correspond au sens même de l'œuvre».

Pour comprendre cette analyse dramaturgique, établissez précisément la distribution des lieux.

LECTURES CONSEILLÉES

PAVIS Patrice,
Dictionnaire du théâtre, Paris, Editions sociales, 1980.

ROUBINE Jean-Jacques,
Introduction aux grandes théories du Théâtre, Paris, Bordas, 1990.

RYNGAERT Jean-Pierre,
«L'antre et le palais dans le *Mémoire* de Mahelot. Étude de deux espaces antagoniques», dans *Les Voies de la création théâtrale*, Paris, CNRS, 1980.

SCHERER Jacques,
La dramaturgie classique en France, Paris, Nizet, 1950.

SONREL Pierre,
Traité de scénographie, Paris, Librairie théâtrale, 1944.

UBERSFELD Anne,
Le Roi et le bouffon, Paris, Corti, 1974.
Lire le Théâtre, Paris, Editions sociales, 1977.

LE THÉÂTRE,
sous la direction de Daniel Couty et Alain Rey, Paris, Bordas, 1980.

HISTOIRE DES SPECTACLES,
Sous la direction de Guy Dumur, Encyclopédie de la Pléiade, Paris, 1965.

IV. Énoncés et énonciation

Le théâtre se définit parfois comme un genre où «ça parle» beaucoup. Le texte de théâtre est même parfois identifié au dialogue, comme si l'on ne retenait comme texte que la somme des interactions entre des personnages par l'intermédiaire de la parole, avec l'effet de réel qui en découle, puisque s'ils se parlent, pense-t-on, c'est comme si c'était vrai.

A l'intérieur du texte prononcé par les acteurs, on repère en général des monologues et des dialogues. Mais comme souvent, ces grandes catégories, aisément décelables en apparence, sont brouillées par la diversité des esthétiques et par les recherches scéniques d'aujourd'hui, où l'on fait même parfois entendre les didascalies, pourtant pas destinées à l'origine, à être prononcées. Il est donc utile de repérer l'ensemble des énoncés du texte pour répondre à une question simple et fondamentale : qui parle à qui et pourquoi ?

1. Le statut de la parole

Dialogue et monologue

La distinction entre monologue et dialogue est moins évidente qu'il n'y paraît, d'autant plus que l'un et l'autre prennent des formes diverses selon les dramaturgies.

La «conversation entre deux personnes», définition stricte du dialogue, ne prend pas toujours au théâtre la forme animée d'un véritable échange. Ainsi, dans le théâtre classique, le dialogue s'apparente parfois à une série de monologues mis bout-à-bout, tant l'étendue de l'intervention de chacun des personnages est importante. Un effort peut même être nécessaire pour comprendre en quoi les personnages dialoguent vraiment, quand les relations entre les différents énoncés ne sont pas clairement établies. D'autre part, le monologue ne correspond pas toujours à cette définition de Goffman, pour qui :

> «Un acteur s'avance au centre de la scène et s'adresse à lui-même une harangue (…) qui divulgue le plus audiblement possible ses pensées intimes sur une affaire d'importance.» (*Façons de parler*)

Car un monologue peut s'analyser comme un dialogue avec soi-même, mais aussi avec le Ciel, avec un personnage imaginaire, avec un objet, avec le public, dans la mesure où un acteur définit ses appuis de jeu et où toute parole, au théâtre, cherche son destinataire, comme le fait remarquer Anne Ubersfeld dans *Lire le théâtre*.

Le dialogue n'est pas toujours le fruit de deux discours contradictoires, de deux consciences qui s'affrontent. Dans certains dialogues lyriques, notamment, où les répliques alternent, les énonciateurs collaborent de fait à la production d'un même texte qui n'apparaît découpé que pour des raisons arbitraires et qui s'apparente donc au monologue.

De plus, il est parfois difficile d'identifier une parole propre à chaque personnage, qui le caractériserait. C'est vrai du théâtre naturaliste, où un personnage se définit par son langage, ça l'est rarement du théâtre classique où les répliques et tirades de chacun obéissent aux mêmes règles rhétoriques et utilisent le même lexique. Il arrive cependant que le dialogue classique puisse également s'apparenter à un échange verbal serré, quand la stichomythie fait alterner des répliques brèves (un vers ou quelques vers, parfois deux ou trois mots), en principe de même longueur, qui font penser à un duel verbal quand monte la tension dramatique.

Les écritures dramatiques de ces dernières années ont contribué à brouiller les pistes. Nous avons assisté à un grand retour du monologue sous toutes ses formes, alors qu'il semblait définitivement classé du côté des conventions poussiéreuses. Ainsi, des textes sont constitués de monologues successifs (Bernard Chartreux, Marguerite Duras). D'autres alternent dialogues serrés et longs monologues. Quant au dialogue, il s'est comme trouvé renouvelé par des expériences de tressage et d'entrecroisement (Michel Vinaver) qui l'éloignent beaucoup du strict dialogue alterné où les répliques s'apparentent à des échanges de ping-pong. Ces constructions complexes rendent d'autant plus utile un travail sur l'énonciation, dont le premier objectif est d'identifier émetteurs et destinataires.

La parole et l'action

Il est admis au théâtre, par une convention tacite, que tout discours des personnages est «action parlée» (Pirandello) ou en d'autres termes, «que parler, c'est faire». Cependant, les relations entre les situations de parole et les situations dramatiques varient considérablement. Un personnage parle pour agir sur l'autre, pour commenter une action qui a eu lieu, en annoncer une autre, la regretter, la magnifier. La parole d'un personnage organise son rapport au monde dans l'usage qu'il fait du langage. On distingue généralement deux principaux cas de figure :

— *la parole est action* : le fait même de parler constitue l'action de la pièce. (Exemple type : Beckett).

— *la parole est instrument de l'action* : elle la déclenche ou la commente. (Exemple type : le théâtre classique).

Certaines œuvres combinent ces deux statuts de la parole ou les alternent. Quand la parole s'épuise à ne dire que ce qui est joué, ou ce qui pourrait être joué, le résultat est plutôt un dialogue plat, comme dans ces improvisations où les acteurs s'enferment dans le commentaire verbal de ce qu'ils montrent. A moins qu'elle soit choisie et affirmée, la redondance systématique est rarement intéressante. En revanche, le théâtre explore les oppositions qui existent entre le personnage et son discours, entre la parole et le cadre de son énonciation. Dans *Dom Juan*, le héros oblige Sganarelle à servir à souper alors même que la visite du fantôme du Commandeur est annoncée. Daniel Lemahieu dans *Usinage*, fait commenter l'opération du chien ensanglanté de la mariée sur la table du banquet de noces. Ces écarts et ces déchirures débusquent les incongruités du réel et mettent à jour les conflits enfouis. Il nous revient donc aussi de relever si ce qui est dit correspond toujours à ce qui est attendu ou anticipé, et comment se combinent la parole et l'action.

Et les didascalies ?

Il existe des exemples de spectacles où des metteurs en scène, frappés par la beauté et l'intérêt des indications scéniques ou par le rapport étrange qu'elles entretiennent avec le discours des personnages, décident de les faire entendre dans la représentation. Il se produit dans ce cas de curieux effets de redondance, car le personnage fait ce qu'il dit et surtout ce qui est dit qu'il doit faire. De telles variantes mettent en évidence les rapports particuliers qui s'établissent au théâtre entre la parole et l'action, entre la situation d'énonciation et la situation dramatique, et posent aussi le cas limite du silence, d'une situation où plus rien ne peut être parlé.

Mais les décalages entre la parole et l'action sont également de nature à mettre en lumière des contradictions dans le jeu, créant des effets de distorsion ou de mise à distance. Ces cas limites d'envahissement par les didascalies ou d'usage scénique du texte didascalique posent bien le problème du statut du texte de théâtre. Les adaptations théâtrales de romans, quand elles n'entrent pas dans le moule de l'adaptation dialoguée, vont encore plus loin dans ce sens, en incluant des textes nullement destinés à l'origine à être «parlés», et qui pourraient apparaître comme des didascalies d'une nature et d'une longueur exceptionnelles. Quand elles échappent à l'ennui de la «récitation» ou de la profération obligatoire, elles élargissent de manière notable le territoire ordinaire du texte de théâtre.

Au cours de cette étude, nous utiliserons le terme de parole pour désigner les textes prononcés par les personnages, bien que ce soit abusif d'un point de vue théorique. En effet, ce terme désigne plutôt un usage individuel de la langue dans une situation de communication réelle. Mais le terme de discours, s'il est théoriquement plus satisfaisant, demeure ambigu lui aussi, à cause de ses acceptions courantes. Posons dès maintenant que le personnage de théâtre ne fait que simuler la parole.

L'ensemble de l'étude de ces énoncés de surface doit être confronté à l'étude des structures profondes d'une œuvre, et notamment des structures narratives.

2. Situations de parole

«Le mode d'expression au théâtre ne consiste pas en mots, mais en personnes qui se meuvent sur scène en employant des mots.»

Si nous reprenons à notre compte cette phrase d'Ezra Pound, nous pouvons étudier le dialogue de théâtre comme un échange conversationnel entre des énonciateurs, comprendre les relations entre les mots et ceux qui les disent et analyser pourquoi ils les disent. Ultérieurement, l'analyse des situations de communication et des rapports de force entre les énonciateurs aidera à construire ceux-ci comme personnages.

L'analyse conversationnelle

Les linguistes ont beaucoup travaillé ces dernières années sur la conversation et sur ses modes de fonctionnement, sur les règles qui la régissent. Au-delà de l'intérêt pour les énoncés, c'est-à-dire pour ce qui est dit, il s'agit de prendre en compte tout ce qui, dans un échange verbal, est porteur de sens en lui-même. Alors que nous sommes habitués à considérer la parole comme allant de soi, le socio-linguiste E. Goffmann souligne au contraire que dans notre société, on constate que :

> «dans l'ensemble (et en particulier entre inconnus) le silence est la norme et la parole quelque chose qui doit pouvoir être justifié». (*Façons de parler*)

L'analyse des données extra-linguistiques de l'inter-action permet de comprendre pourquoi et comment les énoncés ont été formés. Sans entrer ici dans le détail des recherches sur ce sujet, retenons que dans toute communication verbale, les sujets fondent leur communication sur des présupposés de deux types. En tant que rituel social, la conversation établit ses échanges en fonction du cadre social dont les individus ont déjà une connaissance appropriée. En second lieu, une conversation se développe selon un code de relations déjà établi entre les individus qui parlent. Ainsi, le seul fait de poser une question dénote un pouvoir que s'attribue le locuteur, et que donc, généralement, il s'autorise à manifester. Selon le contexte, la question «Qu'as-tu fait hier soir ?» peut être comprise comme de la simple curiosité amicale ou comme le début d'un véritable interrogatoire dans la mesure où l'énonciateur pénètre dans l'intimité de celui auquel il s'adresse. De plus, on ne pose pas une telle question sans s'en donner le droit et sans en attendre une réponse.

Toute manifestation de la parole s'appuie sur des présupposés, lois non écrites qui règlent les relations verbales entre les individus et s'apparentent parfois à de véritables rituels. La manifestation de ces règles, la façon dont elles sont respectées ou enfreintes, rensei-gne sur les rapports qui s'établissent entre les sujets parlants. Toute conversation peut donc être analysée comme un texte dans un contexte, celui de la connaissance mutuelle que les individus doivent avoir l'un de l'autre pour établir la relation. Goffmann écrit :

> «Je vais donc affirmer que la vie sociale est une scène, non pas en une grande proclamation littéraire, mais de façon simplement technique : à savoir que, profondément incorporées à la nature de la parole, on retrouve les nécessités fondamentales de la théâtralité.»
> (*Façons de Parler*)

Si nous prenons les choses dans la perspective inverse, nous pouvons avancer que l'étude d'un texte conversationnel permet de formuler des hypothèses sur la théâtralité minimale indispensable pour que les échanges puissent avoir lieu de manière satisfaisante. S'il faut un contexte pour que la conversation existe, c'est ce contexte minimal qu'il s'agit de construire lors du passage à la scène d'un dialogue de théâtre, du moins si l'on admet que la parole d'un personnage n'est jamais arbitraire.

Le dialogue de théâtre comme conversation

Au-delà du sens ordinaire de «conversation», parole qui se ma-nifeste quand un petit nombre de participants se rassemblent et échangent dans un cadre qu'ils perçoivent comme un moment de loisir, dans la pratique socio-linguistique le mot est utilisé de manière moins étroite, comme équivalent de parole échangée, de rencontre où l'on parle. Cet échange de paroles, quelles que soient les circonstances envisagées, est ici celui qui nous intéresse. Pierre Larthomas remarquait des similitudes entre le dialogue de théâtre et le dialogue ordinaire :

> «Mais le dialogue lui-même ? Comment progresse-t-il ? Il y a plusieurs moyens d'enchaîner des répliques ; lesquels l'auteur a-t-il choisis ? Et pourquoi ? Il n'est presque jamais répondu à ces questions. Bien mieux, elles ne sont jamais posées… On oublie, on ignore ou l'on feint d'ignorer que l'on se trouve en face d'œuvres dont la caractéristique essentielle est d'être écrite sous forme de conversation pour être jouée». (*Le langage dramatique*)

Catherine Kerbrat-Orecchioni fait remarquer, elle, qu'un texte théâtral (didascalies exceptées) est :

«Une séquence structurée de répliques prises en charge par différents personnages entrant en interaction, c'est-à-dire bien comme une espèce de "conversation"». (*Pour une approche pragmatique du dialogue théâtral*)

L'intérêt de certains pour la «transmutation» du matériau conversationnel en théâtre est tel qu'un linguiste américain, Bryan K. Crow, s'est livré à une intéressante expérience. Après avoir collecté une soixantaine d'heures de conversation entre des couples pour les étudier dans le cadre de son doctorat, il finit par être tenté, devant l'intérêt humoristique et dramatique de ce matériau, d'en faire une pièce de théâtre en organisant sous forme de montage certaines d'entre elles.

Pour ces chercheurs, le matériau théâtral permet de vérifier la pertinence de leurs outils d'analyse et d'opérer des va-et-vient entre le champ théâtral et le champ conversationnel afin d'en mieux mesurer les écarts. Tous soulignent d'ailleurs la différence d'organisation du matériau, puisque derrière le dialogue théâtral existe un auteur dont la fonction est de préordonner les séquences dialoguées, de manifester des intentions, d'organiser le discours des personnages en fonction d'un objectif suprême, communiquer avec les spectateurs.

Écarts

Il existe des écarts évidents entre la parole ordinaire et l'usage de la parole au théâtre où il arrive que l'on parle, par exemple, en alexandrins. Le cas particulier du théâtre dans le littérature vient du fait qu'à la représentation, ce sont généralement des émetteurs humains qui font un usage non ordinaire de la langue ordinaire. Ces sont les différences entre ces deux types de situations de parole qui nous intéressent.

– La communication théâtrale ne joue pas exclusivement sur l'axe interne de la relation entre les individus, mais aussi – ou principalement – sur l'axe externe, entre l'Auteur et le Lecteur ou le Public, à travers une chaîne d'émetteurs. Ce que l'on appelle la *double énonciation* au théâtre rend compte de cette particularité. Dans la communication la plus immédiate, un acteur parle à un acteur, comme dans la vie ordinaire un émetteur converse avec un récepteur. Mais ces acteurs ne sont que l'expression d'un autre échange qui se situe cette fois au niveau de la fiction, où un personnage converse avec un autre personnage. Derrière les personnages se trouve le véritable émetteur de toutes ces paroles, l'auteur, qui s'adresse à un public. Le public a donc le statut de destinataire indirect, puisqu'en dernier ressort, c'est à lui que tous les discours sont adressés, même s'ils le sont rarement de manière explicite.

Toutes les autres combinaisons sont envisageables, par exemple qu'un personnage reconnaisse explicitement la présence du public et lui destine son discours, ou même qu'un acteur, abandonnant son personnage, s'adresse lui aussi au public, ou aux autres acteurs, ou aux personnages. Ces variations relèvent de dramaturgies différentes, de l'épique «pur» au dramatique «pur». Elles sont aussi l'indice des *stratégies d'information* de l'auteur qui décide ce que le public doit savoir et comment il doit l'apprendre. Récepteur extra-scénique, le public est la plupart du temps dans la situation étrange de celui qui surprend une conversation qui ne lui est pas destinée, même si en définitive, il est bien la cible principale de toutes les informations que charrient les différents discours.

– Ce qui est écrit au théâtre est faux, volontaire machiné, destiné à produire du sens, quelle que soit la façon dont ce sens s'élabore. Nous avons à analyser comment les dialogues sont construits par les différents auteurs, et ce qu'ils en attendent. Ainsi, le théâtre contemporain travaille beaucoup la langue quotidienne. C. Kerbrat-Orecchioni déclare à ce propos que :

> «Le discours théâtral élimine nombre de scories qui encombrent la conversation ordinaire (bredouillements, inachèvements, tâtonnements, lapsus et reformulations, éléments à pure fonction phatique, compréhension ratée ou à retardement) et apparaît comme bien édulcoré par rapport à la vie quotidienne». (*art. cité*).

Or, un auteur contemporain comme Daniel Lemahieu semble penser le contraire quand il écrit, dans les notes de travail qui suivent *Usinage*, qu'il entend «avoir un théâtre sur la langue», c'est-à-dire prendre en compte :

> «Les hésitations, imprécisions, bafouillages, répétitions redoublements, les embarras, les gênes, bref traquer la langue dans tous ses détours.»

En d'autres termes, même si le théâtre n'est pas de la conversation, il est important pour bien des auteurs d'y puiser leurs matériaux sans trop les filtrer ni les édulcorer, mais plutôt de les «combiner» comme l'écrit Michel Vinaver. Bien sûr, le théâtre n'enregistre pas tous les aléas de la parole vivante proférée par des sujets activement engagés dans la conversation, mais il y trouve sa nourriture. Le projet artistique existe quand les croisements, chevauchements et entrelacs de Michel Vinaver ou les «embarras» de Lemahieu ne sont pas une simple mise en ordre mais conduisent à des effets de sens, à ce «clignotement» dont parle Vinaver, qui n'existe pas dans les matériaux informes qu'il a pêchés dans le flot du quotidien. Tout est permis dans le dialogue théâtral, d'autant plus que la parole y est toujours en quête de son destinataire.

Intérêt pratique de ce mode d'analyse.

Dès l'analyse textuelle il est possible de s'inventer une mise en scène imaginaire, fondée sur les jeux de la parole et sur les interactions entre les personnages, qui ne part pas d'idées toutes faites sur ceux-ci ni de décisions arbitraires. Dans le passage à la scène, des choix artistiques sont indispensables, mais ceux-ci se fondent, entre autres données, sur l'analyse des situations de parole. Les premières décisions du jeu, simples mais essentielles, consistent à se demander qui parle à qui et pourquoi. Le tissu relationnel qui s'établit en scène entre les personnages vient de l'attention portée aux échanges verbaux que propose le texte. Ce tissu relationnel justifie et génère la parole.

Tout ceci ne revient pas à dire que le théâtre est «comme» la conversation ni qu'il calque la vie, mais qu'à travers le langage il rend compte des relations humaines même quand il les critique ou qu'il les parodie. Le théâtre du silence, qui s'établit donc en rupture avec la parole humaine, interroge également celle-ci, à travers son absence.

Nous avons à repérer les écarts, implicites ou explicites, entre la conversation et le dialogue, à analyser les relations entre les émetteurs, à comprendre les stratégies d'information de l'auteur et à construire quelques hypothèses sur son mode d'écriture.

3. Pour une étude du dialogue

Les sujets du dialogue

Lors d'une première approche d'un fragment de dialogue, il s'agit d'identifier avec précision de quoi parlent les personnages. Deux difficultés se présentent.

Il est tentant de se limiter aux grands sujets, à ce que nous pressentons comme important par rapport à une connaissance globale de la pièce, ou, si c'est une œuvre connue, à ce qui est traditionnellement présenté comme essentiel. Dans ce cas, en rangeant trop vite les sujets de la parole dans les cadres préfabriqués du sens, nous passons à côté d'un véritable relevé.

En second lieu, il est parfois difficile de séparer les contenus des énoncés des enjeux de la parole, des rapports de force entre les personnages. Or, dans ce travail de repérage, nous avons aussi à traquer les sujets en apparence marginaux, en réservant pour plus tard tout classement et en évitant toute décision trop rapide sur les origines des répliques.

Maintenons le plus longtemps possible un statut de lecteur «naïf», et ne succombons pas au charme simplificateur des idées générales. Pour cela, *nommons* les sujets avec précision. En les rédigeant, nous repérons des distinctions, là où une synthèse anticipée annulerait les différences. La question de l'organisation et de la hiérarchisation des sujets ne se pose que dans un second temps. Combinons-la avec l'examen des rapports de force entre les personnages (dans quel but abordent-ils un sujet, changent-ils de sujet ?) et l'étude des questions liées à la stratégie d'information de l'auteur. (Etait-il indispensable que certains sujets soient soulevés par les personnages au sein de la fable ?) Ce travail se révèle très fructueux dans le théâtre contemporain où les sujets peuvent présenter un caractère anodin, sans lien apparent avec l'évolution de la situation. Mais il est également utile dans le théâtre classique, et par exemple dans *Dom Juan* de Molière (Acte 1, scène 1) où Sganarelle commence la pièce en évoquant Aristote, la philosophie, l'usage du tabac, les grandes lois morales, l'art d'être honnête homme, les principes qui régissent la vie en société, sans faire allusion à son maître ni à ce qui l'amène à converser avec Gussman. Cette ouverture «à côté», outre son caractère d'exposition originale, renseigne sur le personnage, sur certains de ses sujets favoris et sur son goût pour la dissertation morale à propos de tout et de rien.

Les enjeux du dialogue

Le respect des règles conversationnelles

Bien qu'il ne s'agisse pas de vraie conversation, il est utile d'observer si les règles élémentaires de la conversation sont respectées (Y a-t-il alternance, coopération ?) ou au contraire enfreintes (les personnages s'écoutent-ils, se répondent-ils, se coupent-ils la parole ?). Relevons aussi s'ils font preuve de brièveté ou au contraire s'ils s'autorisent de longs discours, des disgressions, des retours en arrière. Laissent-ils s'installer un échange ou, au contraire, changent-ils fréquemment de sujet ? Nous commençons à nous faire une idée des rapports de force et de la façon dont les dialogues sont structurés par l'auteur.

Les présupposés de la parole

A chaque fois la question qui revient est de savoir pourquoi le personnage s'autorise à parler comme il le fait, en nous souvenant que le silence est la norme et qu'aucune parole ne va de soi. Nous mettons en place les deux cadres principaux, déjà évoqués.

– *Le cadre social* : le code social est-il ou non respecté ? Ainsi, dans *Britannicus* de Racine, le discours d'Albine à Agrippine, sa maîtresse, surprend par son extrême fermeté (questions, reproches, dureté de l'impératif final) :

> «Quoi ! Tandis que Néron s'abandonne au sommeil,
> Faut-il que vous veniez attendre son réveil ?
> Qu'errant dans le palais sans suite et sans escorte,
> La mère de César veille seule à sa porte ?
> Madame, retournez dans votre appartement.» (*Acte I, scène 1*)

Notons le pouvoir de la confidente, mais surtout le caractère inhabituel de la situation où la parole, qui devrait être plus respectueuse, enfreint le code social et laisse transparaître un état de crise. Dans toute analyse, remarquons si la parole va dans le sens de ce qui est attendu, ou au contraire si elle rompt avec le code prévisible.

– *Le cadre relationnel* : les paroles échangées présupposent qu'un type de relation existe entre les personnages qui leur permet de se parler comme ils se parlent. Leurs discours se fondent sur un implicite, sur des éléments relationnels connus d'eux dont l'auteur tire des conséquences et qu'il décide ou non de faire partager au lecteur. Ainsi dans *Lorenzaccio* de Musset (Acte 2, scène 2) l'implicite est fort dans ce fragment de dialogue :

> «- Lorenzo : Es-tu boiteux de naissance ou par accident ?
> - Tebaldeo : je ne suis pas boiteux ; que voulez-vous dire par là ?
> - Lorenzo : Tu es boiteux ou tu es fou.»

La question incongrue, le tutoiement, l'affirmation finale, traduisent un pouvoir de fait de Lorenzo que Tebaldeo accepte mais dont nous ne connaissons pas toutes les données.

Ce qui nous intéresse donc, ce sont les différentes *postures* occupées par le personnage, d'une réplique à l'autre. Un type de relation est rarement posé une fois pour toutes dans le dialogue. Les personnages occupent des rôles différents et successifs, car dans un dialogue comme dans une conversation :

> «tout bouge et tout fluctue. Rien n'y est jamais totalement joué (…) et les équilibres qui s'y réalisent ne sont jamais que précaires et provisoires». (*C. Kerbrat-Orecchioni art. cit.*).

La dynamique des échanges, la façon dont un mouvement s'est effectué entre la position qu'occupe le personnage et la position suivante, sont autant de pistes. Ceci suppose que le destinataire de la parole est toujours clairement identifié, ce qui est loin d'être le cas. Toute parole, au théâtre, cherche son destinataire. C'est vrai du dialogue quand plusieurs personnages sont en scène, quand certains sont cachés (destinataires indirects, comme Orgon sous la table dans *Tartuffe*) quand d'autres, pourtant absents, sont convoqués par la parole. C'est également vrai du monologue, dont nous avons dit qu'il avait nécessairement un destinataire. Dans tous les cas, le choix final du destinataire n'intervient souvent que sur le plateau des répétitions, par une décision du metteur en scène.

Le texte de théâtre apparaît alors, en dernière analyse, comme un passionnant jeu de paroles en quête de destinataires, comme des fragments de langage en route vers une destination, ainsi que le soulignent des répliques célèbres. «Est-ce à moi que ce discours s'adresse ?» n'est jamais que la forme noble de «C'est à moi que tu causes ?» qui traduit, dans la vie quotidienne, la stupeur réelle ou jouée d'être celui à qui on destine un discours dont tout, dans l'énoncé, laissait supposer le contraire. De même, les discours rhétoriques abondent en «faux» énonciateurs (l'énonciateur en fait parler un autre à sa place, par exemple un absent ou un mort) ou en faux destinataires. Inversement, il arrive qu'un personnage, habitué au rudoiement d'un certain rapport de force, prend pour lui ce qui ne lui était nullement adressé :

> «La tante : – Ferme ton clapet je t'ai déjà dit.
> Le copain : – C'est pour moi le clapet ?
> La tante : – Mais non occupe-toi plutôt de lui comme il a l'air drôle.»

> (Daniel Lemahieu, *Usinage*, 2)

Dans le grand jeu théâtral de l'énonciateur-destinataire, le ressort de la réplique peut même être la réponse à une question qui ne figure pas dans le dialogue mais à laquelle le personnage répond comme s'il se répondait à lui-même. Tout est décidément envisageable dès lors que nous lisons le texte avec cette idée qu'aucune parole ne va jamais de soi, qu'elle entre dans le puzzle des énonciations, et qu'en travaillant à résoudre ces questions, nous travaillons sur le sens du texte.

Stratégie d'information

Comme nous y avons fait allusion à propos de la double énonciation, la parole des personnages a aussi pour fonction de fournir au lecteur et ultérieurement au spectateur, des informations sur ce qui se passe, sur le développement de l'intrigue. Les énoncés doivent donc aussi être envisagés de ce point de vue. On parle de stratégie dans la mesure où la façon dont l'information est transmise correspond, pour un auteur à une volonté affichée, en fonction d'une époque, d'une esthétique, en tout cas du caractère spécifique d'une écriture. Pour les classiques, et par exemple pour un théoricien comme l'Abbé d'Aubignac, l'information doit être complète, rien ne doit être laissé dans l'ombre, ni dans les scènes d'exposition ni dans le dénouement, où le sort de chacun des personnages doit être réglé. En revanche, le théâtre contemporain use largement des raccourcis narratifs, de l'ellipse. L'ambiguïté qui y est parfois cultivée laisse une part d'autant plus importante au travail du lecteur.

Le problème, ici, est cependant moins celui de la quantité d'information, ou de son mode, que de la relation qui existe entre la parole des personnages, son bien-fondé comme échange conversationnel, sa vraisemblance, et la façon dont l'information est transmise. Tout de suite se pose le cas – limite d'une information si abondante et si affichée que la parole est réduite à cette fonction et que le dialogue entre les personnages relève du pur artifice. Corneille y fait allusion dans *l'Examen* de *Médée* à propos de l'exposition :

> «Les personnages qui ne sont introduits que pour écouter la narration du sujet (…) sont d'ordinaire assez difficiles à imaginer dans la tragédie, parce que les événements publics et éclatants dont elle est composée sont connus de tout le monde, et que, s'il est aisé de trouver des gens qui les sachent pour les raconter, il n'est pas aisé d'en trouver qui l'ignorent pour les entendre.»

Avec un point de vue complémentaire, l'Abbé d'Aubignac rappelle que celui qui «fait la narration» doit en savoir l'histoire, qu'il doit y avoir de sa part une raison puissante pour la raconter, et qu'il faut que l'auditeur :

> «ait juste sujet de savoir ce qu'on lui raconte ; et je ne puis approuver qu'on fasse entretenir des valets par une simple curiosité, sur les aventures d'un Grand Prince». (*Pratique du Théâtre*)

Les dramaturges contemporains ne sont pas assujettis aux exigences des doctes ni aux mêmes règles de vraisemblance. Il n'en reste pas moins vrai que la façon dont ils gèrent l'information est un indice important, comme à toutes les époques, de la relation au spectateur, et, de la forme dramaturgique. Le théâtre naturaliste et le théâtre épique l'envisagent, par exemple, d'une manière opposée, en faisant mine, pour le premier, d'annuler sa présence (en le considérant donc, comme un destinataire très indirect) ou au con traire, pour le second, en l'installant comme un terme essentiel de la communication théâtrale et comme un véritable partenaire. (Sur ces questions, voir ci-dessous).

LES MODES D'INFORMATION DU SPECTATEUR

L'information peut être :

Abondante : la parole des personnages renseigne de manière exhaustive sur la situation, leur état civil, leur passé, leurs espoirs, leurs relations avec les autres personnages.

Rare : Aucune de ces informations n'est donnée, et le dialogue fonctionne selon un implicite si fort entre les personnages qu'il prend l'allure d'une conversation privée dont le lecteur est comme exclu.

Directe : Les informations sont données pour ce qu'elles sont sans que l'auteur cherche à dissimuler leur caractère de message destiné au lecteur ou au spectateur. Elles peuvent prendre la forme de monologues ou d'adresses.

Indirecte : A travers les méandres des discours, il appartient au lecteur ou au spectateur de se faire une opinion sur le degré d'utilité des informations qui lui sont fournies.

On peut aussi dire que l'information est *affichée* (donnée comme telle) ou au contraire *discrète* (elle prend l'allure d'une «vrai conversation») ; qu'elle est *massive* (des «pavés informatifs» sont repérables) ou au contraire *diffuse* (répandue dans tout le texte sans que des moments particuliers soient privilégiés du point de vue de l'information).

Des combinaisons sont possibles : l'information peut être abondante et discrète, ou abondante et directe et ainsi de suite, selon les dramaturgies.

La poétique du texte de théâtre

Un énoncé ne peut cependant se réduire à une situation de parole ou de communication. Nous avons vu dans le premier chapitre que le texte de théâtre vaut aussi, et parfois essentiellement, par son rythme, les choix lexicaux et les assonances, son système de répétitions et d'échos.

C'est un paradoxe du discours théâtral que de relever à la fois de la communication ordinaire, de la communication particulière auteur/ spectateur, et de la littérature, donc de l'art. Ces considérations vont de soi pour le théâtre écrit en vers, mais de tels cas particuliers ne doivent pas faire oublier qu'existent dans tout texte de théâtre des relations entre les éléments matériels du discours, indépendamment de leurs énonciateurs. Il existe dans tout théâtre digne de ce nom un travail sur la langue qui fait qu'il s'agit d'un usage non ordinaire du langage ordinaire, sans qu'y figurent toujours les marques d'une poésie dûment répertoriée. Nous devons donc aussi prendre en compte la qualité du tissage lexical et celui de l'agencement du dialogue, d'autant plus que le texte de théâtre est fait, autre évidence parfois perdue de vue dans l'étude universitaire, pour être mis en bouche, braillé, susurré ou psalmodié, bref pour être dit.

Hypothèses sur l'écriture d'un auteur

L'étude au microscope d'un fragment de texte de théâtre conduit à mieux saisir les caractéristiques d'une écriture, tout au moins dans la pièce concernée. Il est difficile de parler d'une écriture autrement que par généralités. C'est pourquoi les analyses minutieuses concernant le régime de la parole, le mode d'information, le système d'énonciation, le grain même de la langue, sont précieuses pour saisir les caractéristiques d'une écriture. Le passage par l'analyse de détail facilite l'accession à la totalité du texte. Ce travail artisanal de descente au cœur du texte trouve son prolongement naturel dans le passage à la scène. L'acteur et le metteur en scène n'ont que faire de considérations larges ou d'impressions balbutiantes. L'approche dramaturgique n'a pas pour objet l'étiquetage d'un texte que l'on n'aurait plus alors qu'à ranger sur le bon rayonnage de la bibliothèque, ni l'épuisement du sens qui serait figé pour l'éternité. Comprendre une écriture, c'est être capable de formuler des hypothèses sur son fonctionnement et sur sa nécessité. L'analyse du point de vue de l'énonciation est un travail théorique qui rencontre immédiatement sa pratique, la distribution de la parole entre les acteurs comme autant d'énonciateurs et de destinataires particulièrement sensibles à cette étrange situation de communication, à la fois vraie et piégée, ordinaire et artistique.

4. Exemple d'analyse

Marivaux, La double inconstance, *Acte 2, scène 2*

(Les répliques sont numérotées par nos soins)

Le Prince, sous le nom d'officier du palais ; Lisette, sous le nom de dame de la cour ; Silvia ; Flaminia.

> *Le Prince, en voyant Silvia, salue avec beaucoup de soumission.*

1. Silvia – Comment ! vous voilà, Monsieur ? Vous saviez donc bien que j'étais ici ?

2. Le Prince – Oui, Mademoiselle, je le savais ; mais vous m'aviez dit de ne plus vous voir, et je n'aurais osé paraître sans Madame, qui a souhaité que je l'accompagnasse, et qui a obtenu du Prince l'honneur de vous faire la révérence.

> *La dame ne dit mot et regarde seulement Silvia avec attention ; Flaminia et elle se font des signes d'intelligence.*

3. Silvia, *doucement* – Je ne suis pas fâchée de vous revoir et vous me trouvez bien triste. A l'égard de cette dame, je la remercie de la volonté qu'elle a de me faire une révérence, je ne mérite pas cela ; mais qu'elle me la fasse puisque c'est son désir ; je lui en rendrai une comme je pourrai ; elle excusera, si je la fais mal.

4. Lisette – Oui, m'amie, je voux excuserai de bon cœur ; je ne vous demande pas l'impossible.

5. Silvia, *répétant d'un air fâché et à part, et faisant une révérence* – **Je ne vous demande pas l'impossible !** Quelle manière de parler !

6. Lisette – Quel âge avez-vous, ma fille ?

7. Silvia, *piquée* – Je l'ai oublié, ma mère.

8. Flaminia, *à Silvia* – Bon.

Le Prince paraît et affecte d'être surpris.

9. Lisette – Elle se fâche, je pense ?

10. Le Prince – Mais, Madame, que signifient ces discours là ? Sous prétexte de venir saluer Silvia, vous lui faites une insulte !

11. Lisette – Ce n'est pas mon dessein. J'avais la curiosité de voir cette petite fille qu'on aime tant, qui fait naître une si forte passion ; et je cherche ce qu'elle a de si aimable. On dit qu'elle est naïve, c'est un agrément campagnard qui doit la rendre amusante ; priez-la de nous donner quelques traits de naïveté ; voyons son esprit.

12. Silvia – Eh ! non, Madame, ce n'est pas la peine ; il n'est pas si plaisant que le vôtre.

13. Lisette, *en riant*. Ah ! Ah ! vous demandiez du naïf ; en voilà.

14. Le Prince, *à Lisette* – Allez-vous en, Madame.

15. Silvia – Cela m'impatiente à la fin ; et si elle ne s'en va, je me fâcherai tout de bon.

16. Le Prince, *à Lisette* – Vous vous repentirez de votre procédé

17. Lisette, *en se retirant, d'un air dédaigneux* – Adieu ; un pareil objet me venge assez de celui qui en fait choix

Sur cet exemple, nos remarques, non détaillées, se limiteront à la façon dont la parole dévoile les rapports entre les personnages.

Cadre social :

4 énonciateurs, dont 2 (Le Prince, Lisette) se dissimulent sous une fausse identité. Flaminia, qui fait partie du stratagème, a un statut ambigu. On attend du Prince qu'il parle comme un officier du palais, et non comme le détenteur du pouvoir. De Lisette (sœur de Flaminia et fille d'un domestique du Prince) qu'elle parle comme une «dame de la Cour». Flaminia, alliée effective du Prince, fait mine d'être du côté de Silvia. Comment parlera «la paysanne», face au monde de la Cour ?

Conversation :

On y relève d'abord les plus grandes marques de courtoisie et de politesse (2 et 3), puis les signes d'un affrontement quand Lisette s'inclut brutalement dans la conversation (4) et commence un interrogatoire (6). Flaminia a le statut effacé de témoin attentif (8). Le faux officier du palais ordonne (14) et menace (16) alors qu'il avait commencé à parler avec le statut de truchement discret (2). Le dialogue alterne les répliques abondantes et circonstanciées (2, 3, 11) et les répliques directes et elliptiques, au moment de l'affrontement (5 à 8 et 12 à 17).

Positions des personnages, destinataires :

– Il faut 2 attaques claires de Lisette (4 et 6) pour que Silvia riposte (7). A l'attaque indirecte de Lisette (11) correspond la riposte directe de Silvia (12).

– Enorme importance des destinataires indirects : Silvia s'adresse à l'Officier du palais pour parler à Lisette (3, «elle»). Lisette s'adresse également à celui-ci, à moins que ce soit à la cantonade, pour parler de Silvia et à Silvia (9 et 11, «elle», «cette petite fille»). Lisette adresse une partie de son discours à un grand absent, le Prince (11 et 17, «on», «celui») et/ou à toute la Cour (11, «on dit qu'elle est naïve»). L'Officier du Palais est l'envoyé du Prince et son représentant (14 et 16), dont on ne sait plus s'il parle en son propre nom, oubliant ou faisant mine d'oublier son masque.

L'officier a un statut particulier dans la conversation puisqu'il sert d'interprète aux deux femmes, *comme si elles ne parlaient pas la même langue.* L'affrontement est ainsi enchâssé entre les préliminaires indirects et les menaces finales, comme s'il était dangereux que le face à face se développe vraiment. Aussi bref qu'il soit, il n'en prend que d'autant plus d'importance.

Ce que la parole dévoile :

– Du point de vue de l'action, le Prince obtient ce qu'il cherchait : devenir, dans le discours, le défenseur de Silvia contre sa propre Cour, sous ses deux apparences. Silvia passe, dans la parole des autres, du statut de femme respectée (2) à celui d'agrément campagnard (11). Ici, la parole est action.

– C'est le Prince qui est le véritable destinataire de toutes les paroles, sous sa double identité : on joue une comédie pour le Prince, devant lui, et il en est un des personnages. Silvia lui adresse le souvenir de leur rencontre (1). Lisette et Silvia l'installent dans le statut d'arbitre de leur affrontement. Le véritable prince est enfin l'ultime destinataire de cette scène qui lui sera manifestement rapportée, par les deux camps. Sous ses différents masques, il est bien le seul vrai destinataire de tout ce qui est dit.

– Silvia et Lisette sont en fait les représentantes de deux grands énonciateurs, car l'affrontement oppose la paysanne à la dame de la Cour : Chacune parle pour elle-même, mais finalement au nom de toutes. Aux deux premiers niveaux de théâtre dans le théâtre, aisément décelables, s'adjoint un troisième niveau, celui des destinataires sociaux. C'est là que se joue le véritable conflit. La jubilation du lecteur/spectateur vient du fait qu'il est dans le secret, et dûment informé par l'auteur des véritables enjeux.

Que se passerait-il si une paysanne obtenait le statut exorbitant de favorite du Prince, si elle s'installait comme épouse à la Cour, et s'affirmait, par ses manières comme par son langage, comme bien plus qu'un naïf objet de divertissement ? Les travestissements et les paroles masquées dévoilent en fait l'affrontement social fantasmé. Personne ne parle tout-à fait comme il **devrait** le faire. Dans ce contexte d'identités et de langages usurpés, Silvia, qui parle «vrai», ne parle pourtant pas avec la naïveté (la bêtise ?) que la cour attribue à la paysanne attendue.

APPLICATIONS PRATIQUES

1. Voici un extrait de la pièce Octobre, la rupture, *de Henri Mainié (inédit), qui présente la particularité de n'avoir aucun énonciateur désigné autrement que par le tiret de la réplique, et pas de ponctuation, hormis les points d'interrogation :*

« – Tu me crois ou pas je vais me faire couper les cheveux et en sortant ça y est la tempête de neige et le lendemain moins dix
– Qui veut du café ?
– N'empêche tu es bien coupé
– Et ils ont dit que ça allait continuer
– Tu veux un café ?
– Oui merci
– Plus tu bois et moins je te vois
– Café ?
– Oui
– C'est devant la mèche balayée sur le front qui est vraiment réussie
– Oui moi aussi avec plaisir
– Moi je dis laisser un fond de bouteille c'est criminel
– Moi oui s'il n'est pas trop fort
– Je peux faire un déca- qui veut un déca ?
– Vous avez vu le dernier coup de la droite ?
– Attend un peu on demande qui veut un déca
– Oui qui veut un déca ?

    – Mais ça y est moi j'ai déjà dit
    – Oui mais y en a des qui veulent un déca
    – Ils arrivent même à récupérer l'Abbé Pierre
    – Allez va personne n'est dupe
    – Moi je veux bien un déca
    – Il faudra que tu me donnes l'adresse de ton coiffeur
    – Moi aussi
    – Alors deux déca ?
    – C'est juste à côté de chez moi
    – N'empêche on se demande pourquoi la gauche a rien fait on
est couillonné une fois de plus
    – Alors deux déca ?
    – Va donc
    – Il y est resté plus d'une heure
    – Qui me fait passer le fond de Buzet ?
    – Avec le shampooing ?
    – Non une heure rien que pour la coupe
    – Tu vas pas te taper tous les fonds de bouteille ?
    – Alors deux déca ?
    – Et pas cher avec ça
    – L'Abbé Pierre est un malin il doit savoir ce qu'il fait
    – Bon deux déca et du café pour les autres ?
    – Pas pour moi
    – Quand tu auras fini les bouteilles tu en prendras bien un
    – Tu as écouté les vœux de Mitterrand ?
    – Qui parle de Mitterrand ?
    – Quel rapport avec l'Abbé Pierre ?
      Mais il faut prendre rendez-vous ?
    – Je vais faire le café avec toi
    – Laisse je me débrouillerai
    – Il a dit quoi au juste notre président ?
    – Moi j'y suis allé comme ça le matin avant-hier
    – Le Buzet là-bas qui me le passe au lieu de parler politique ?
    – Je vais quand même aller aider pour le café
    – Laisse faire
    – On parle pas politique on discute
    – C'est ça»
    (…)

Essayez de trouver un ou plusieurs systèmes d'émetteurs et de destina-
taires cohérents pour ces répliques apparemment «flottantes», en essayant
de faire varier leur nombre et en cherchant quels seraient à chaque fois les
enjeux de la parole. Y a-t-il pour vous un nombre d'émetteurs optimal ?

2. *Définissez avec précision les «sujets de conversation» d'une scène de*
Britannicus *à votre choix. Classez-les selon le degré d'importance que vous*
leur accordez.

3. *Etudiez une série de monologues de pièces classiques. Précisez à* *chaque fois à qui «les discours s'adressent». Au personnage lui-même, aux divinités, au public, à de «grands absents» ? Que se passe-t-il si on donne ainsi une identité claire aux différents destinataires plus ou moins énoncés dans le texte ?*

LECTURES CONSEILLÉES

DUCROT Oswald,
  Dire et ne pas dire, Hermann, 1972.

GOFFMANN Erving,
  Les Rites d'interaction, Paris, Minuit, 1984 ;
  Façons de parler, Paris, Minuit, 1987.

KERBRAT-ORECCHIONI Catherine,
  « Le dialogue théâtral », *Mélanges offerts à P. Larthomas*, Paris, 1985 ;
  « Pour une approche pragmatique du dialogue théâtral », *Pratiques*, n° 41, 1984.

LARTHOMAS Pierre,
  Le langage dramatique, Paris, P.U.F., 1980.

LEMAHIEU Daniel,
  « Préludes et figures », Notes après *Usinage*, Paris, Th. Ouvert/Enjeux, 1984.

MAINGUENEAU Dominique,
  Éléments de liguistique pour le texte littéraire, Bordas, 1988.

RYKNER Arnaud,
  L'envers du théâtre. Dramaturgie du silence de l'âge classique à Maeterlink, Paris, José Corti, 1996.

RYNGAERT Jean-Pierre,
  « Le destinataire flottant et la réponse à retardement dans le dialogue théâtral », *Mélanges offerts à J. Scherer, Paris*, Nizet, 1986.

SEARLE John,
  Sens et expression, Paris, Minuit, 1982.

UBERSFELD Anne,
  Lire le théâtre, Paris, Editions sociales, 1977.

VINAVER Michel,
  Écrits sur le théâtre, Lausanne, L'Aire théâtrale, 1982.

V. Le personnage

1. Débats autour d'une identité mouvante

Confusions à propos de l'identification

Construire son personnage, entrer dans la peau du personnage, être dans la peau du personnage (comme dans celle d'une banane, plaisante Woody Allen), travailler son personnage, voilà autant d'expressions qui racontent une sorte de face-à-face entre l'acteur et celui qui serait son double. Cette altérité trouble et fascine. Toute une tradition de la pratique théâtrale qu'exprime ici le langage habitue à prendre en compte le personnage comme une conscience autonome, parfois comme une enveloppe qu'il faudrait occuper et dont l'acteur se déclarerait propriétaire, parfois comme une figurine aux contours déjà tracés dans le texte et qu'il s'agirait de colorier au fil des répétitions.

Les problèmes théoriques de l'analyse du personnage sont entourés d'une grande confusion si l'on confond texte et représentation, éléments psychologiques, imaginaires et sensibles indispensables au travail de l'acteur et données objectives repérables dans le texte. Toutes les représentations ne s'appuient pas sur le même principe d'identification personne-personnage, tous les textes ne partent pas de la même conception du personnage. Mais cette assimilation est bien commode et elle s'explique aisément. Quand on ne sait pas comment entrer dans le texte de théâtre, passer par le personnage est une tentation qui nous autorise des discours connus.

L'ambiguïté, présente déjà dans le texte, est renforcée par la représentation et par les discours tenus sur celle-ci. Le personnage est joué par un acteur vivant qui lui prête son corps, ses traits, sa voix, son énergie. L'effet d'imitation, la *mimesis* est inévitable. L'acteur revendique légitimement une relation sensible au personnage qui apparaît comme le creuset d'émotions communes à l'interprète et au public, au point que celui-ci confond parfois les deux dans le même amour ou le même refus. Ainsi, cet interprète de *Boulevard Durand* d'Armand Salacrou sifflé chaque soir lors d'une tournée en pays minier parce qu'il jouait sans doute trop bien le briseur de grèves. Les exemples d'acteurs qui disent trouver leurs modèles dans la vie, par exemple en observant les passants depuis une terrasse de café, contribuent à semer le doute.

Pourtant, le personnage dans le texte prend des formes très diverses, parfois très abstraites, parfois à peine inscrites entre les lignes de manière discrète. Lui accorder d'emblée un statut d'être de chair et de sang au nom de la représentation, c'est aller trop vite en besogne.

Du côté de l'histoire : de l'abstraction à l'individu

Pour le théâtre grec, le *persona* est le masque, le rôle tenu par l'acteur, et non le personnage esquissé par l'auteur dramatique. L'acteur n'est qu'un interprète qui ne se confond pas avec la fiction et que le public n'assimile pas immédiatement à une incarnation du personnage textuel. La plupart du temps, nous utilisons ce même mot, personnage, pour désigner les différents avatars de la partition textuelle prévue pour être représentée en scène par un acteur.

L'histoire du théâtre donne des exemples très différents de personnages que l'on peut classer, comme le fait Patrice Pavis, du général au particulier, de l'abstraction envisagée comme une force agissante à l'individu caractérisé par des traits particuliers. Ces différences, admises dans la perspective historique, le sont moins quand on se penche sur des exemples contemporains. Pourtant, il n'est pas plus évident d'assimiler Clov de Samuel Beckett (*Fin de partie*) à Hoederer de Jean-Paul Sartre (*Les Mains sales*), Antigone d'Anouilh à H1 de Nathalie Sarraute (*Pour un oui ou pour un non*). Si nous admettons les différences qui existent entre une allégorie médiévale (la charité), un type de la commedia dell'arte (Arlequin), nous ne pouvons soudainement les confondre sous la même étiquette de personnage. Ou plutôt nous pouvons le faire dès lors que nous prenons le mot pour le service commode qu'il nous rend sans qu'il nous engage à adopter un point de vue unificateur définitif. Les différentes esthétiques théâtrales ont du personnage une conception et un usage particuliers. Dans un texte, nous pouvons avoir l'impression d'avoir affaire à une personne, avec son langage, son identité complète, son état civil, mais ça n'est pas suffisant pour penser tous les personnages de la même façon, qu'ils soient d'origine mythologique, historique ou qu'ils soient terriblement abstraits, simples étendues de mots rassemblés sous le même sigle ou le même tiret.

La tradition psychologique : le personnage comme essence

La tradition de l'analyse littéraire psychologisante va dans le même sens de l'unification hâtive, au nom de la personne. Tout son discours se construit autour d'un noyau-personnage auquel elle prête les caractéristiques et les comportements d'un individu ordinaire. Les choses se compliquent quand il s'agit de définir cet individu ordinaire, puisqu'il ne saurait s'agir que de vous et de moi, c'est-à-dire de tout le monde. Tous les personnages de théâtre pourraient donc être analysés selon les mêmes canons de l'idéalisme humaniste et il faudrait leur prêter à tous des gammes de réactions obéissant à la morale occidentale. Autrement dit, Phèdre devrait être interprétée comme une femme un peu mûre, amoureuse d'un jeune homme, avec des traits de jalousie «universellement» reconnus. Ce qui, on le comprend, revient à curieusement banaliser la fille de Minos et de Pasiphaé dont on oublie par la même occasion qu'elle ne s'exprime qu'en alexandrins. Il ne resterait plus après cela qu'à la renvoyer à la rubrique des faits divers des quotidiens.

Cette conception ne prend guère en compte la dimension artistique du personnage, construction volontaire d'un auteur, somme de discours rassemblés autour d'une même identité utile à la fiction. Elle ne fait guère de cas du contexte socio-historique de l'écriture puisqu'elle assimile et juge les valeurs transmises dans le discours d'un personnage en fonction de nos seules valeurs occidentales, définies comme universelles. De fait, elle assimile le personnage à une personne, et toutes les personnes à un modèle implicite reconnu par tous.

2. Saisir le personnage entre le texte et la scène

Peut-on se passer du personnage ?

Régulièrement, des théoriciens annoncent la mort du personnage, des écrivains le renvoient aux vieilles lunes, des metteurs en scène dénoncent la routine de l'approche psychologisante. Dans les textes, le degré de réalité d'un personnage peut diminuer jusqu'à ce qu'il soit réduit au statut d'énonciateur anonyme, aussi vide que possible de caractéristiques humaines et de sentiments. Dans l'oratorio, il n'est plus qu'une voix. Il peut être prévu de partager le·rôle entre plusieurs acteurs, ou inversement de donner au même acteur plusieurs rôles, sinon plusieurs personnages, afin de mieux brouiller les pistes et de briser le vieux face-à-face de l'acteur et de **son** personnage. On a donc parlé de «structures de rôles», on s'est accommodé de toutes sortes de partages et de variations histoire et de ne plus faire du personnage une substance, de ne plus le lier de manière aussi définitive au texte et le texte à l'acteur, d'en finir avec la trilogie texte-personnage-acteur. Aussi passionnantes qu'elles aient été, ces tentatives de transformation du personnage, dans le texte ou sur la scène, n'ont jamais totalement abouti et si elles ont fait reculer la tradition de l'identification absolue, elles restent marginales.

Il semble bien que la fiction théâtrale ait besoin du personnage dans l'écriture, comme une marque unificatrice des procédures d'énonciation, comme un vecteur essentiel à l'action, comme un carrefour du sens. Au moment du passage à la scène, l'acteur continue, le plus souvent, dans sont travail sur le sensible, même s'il n'est pas dans une esthétique de l'identification, à penser l'unité de son rôle à travers le concept de personnage. Le public enfin, récepteur sans laquelle la représentation théâtrale ne peut avoir lieu, s'appuie toujours sur le personnage pour entrer dans la fiction.

Nous parlons aujourd'hui de personnages de plus en plus ouverts, laissant des zones d'ombre dans leur construction, incomplets du point de vue de la fiction, alternativement incarnés et mis à distance par l'acteur. «Une somme de signifiants dont le signifié est à construire par le spectateur» dit Robert Abirached. Le contraire du personnage «clefs en mains» ajouterons-nous, pré-construit, parfaitement fermé et ne laissant plus rien à rêver à personne. La vrai bataille théorique n'est sans doute plus autour de la vie ou de la mort du personnage, mais autour de la façon dont on envisage de le construire, en partant d'une lecture attentive du texte et non d'un référent trop hâtivement péché dans la réalité, source de malentendus et de clichés. Le personnage n'existe pas vraiment dans le texte, il ne se réalise que sur scène, mais il faut quand même partir du potentiel textuel et l'activer pour aboutir à la scène.

Personnage en amont, personnage en aval

Quand nous assimilons le personnage à une personne, nous estimons pouvoir expliquer l'un par l'autre, sauter au référent pour justifier la construction artistique, trouver le modèle dans la vie pour justifier son portrait. Là encore, toute une tradition issue du théâtre classique s'appuie sur la notion de caractère, ou d'essence et a fini par s'étendre à toutes les formes de théâtre. Car s'il est vrai que le personnage a des référents dans le monde, qu'il a à voir avec la vie, il se construit dans et par le texte. Si nous commençons la lecture d'un texte en sachant déjà comment sera le personnage, nous ne tirerons rien du texte que des justifications plus ou moins utiles à ce que nous voulions déjà construire d'emblée. Nous préférons donc l'hypothèse d'un travail où le personnage se construit en aval, s'élabore progressivement à partir de ce qui est repérable dans le texte et ne s'échafaude qu'à mesure.

Dans les faits, le rapport entre l'amont et l'aval est plus complexe, surtout pour la lecture d'un texte déjà souvent représenté et enrichi de toute cette mémoire qui se constitue ainsi en métatexte. Daniel Mesguish est le metteur en scène qui en a le plus largement tiré les conséquences pour la représentation, n'hésitant pas à mettre sur le plateau plusieurs acteurs jouant par exemple le personnage d'Hamlet, mettant donc en jeu à la fois le personnage et des acquis de la culture théâtrale, le texte et une partie du commentaire sur celui-ci, venu l'épaissir et le complexifier. Nous sortons alors de la problématique du personnage – miroir psychologique pour entrer dans des formes de représentation plus savantes.

Il n'en reste pas moins que tout lecteur se fait d'emblée une image du personnage, (sinon pourrait-il vraiment lire ?) mais qu'il doit pouvoir la modifier et surtout la mettre en question à mesure qu'il affine sa lecture. Il m'est difficile d'imaginer *Le Cid* de Corneille sans un Rodrigue enrichi (ou brouillé) par ses images précédentes, sans celle, triomphante de Gérard Philipe. Pourtant, entre l'intérieur et l'extérieur, entre l'amont et l'aval, ma lecture avancera si j'ai digéré les modèles culturels dont je dispose, si je ne m'obstine pas à chercher des Rodrigue à tous les coins de rue, si donc, je suis capable de travailler à une remise à plat du texte sans me prétendre tout-à-fait naïf ni tout-à-fait ignorant.

3. Pour une étude du personnage

Principes

Procédons à des relevés précis des indications scéniques concernant les personnages, des discours qu'ils prononcent les uns sur les autres, des discours qu'ils prononcent sur eux-mêmes, des actions qu'ils accomplissent ou qu'ils disent vouloir accomplir à l'intérieur de la fable.

Pendant ce travail, essayons de rester le plus près possible du texte. Pour cela évitons les hypothèses psychologiques, les jugements moraux ou esthétiques qui viendraient de nos opinions préalables ou de ce que nous avons entendu dire par la critique. Nous savons de toutes façons (voir plus haut) que des interférences culturelles sont inévitables et qu'elles peuvent être utiles, ce qui est une raison de plus de les différer. Les éléments de synthèse seront établis après que les résultats des relevés auront été confrontés les uns aux autres, à l'intérieur du système du texte et de l'univers qu'il propose. Le recours à des référents (à des personnes, à des réalités sociales) n'intervient qu'en dernier ressort, comme autant d'hypothèses pour le passage à la scène. L'essentiel est de faire la part des données textuelles strictes et du moment où elles entrent dans une construction artistique qui fait alors place à des choix individuels.

Le personnage est un carrefour du sens. Il s'opère nécessairement des échanges entre le personnage analysé comme une identité sinon comme une substance, le personnage vecteur de l'action et le personnage sujet du discours. Ce sont ces échanges qui lui donnent toute sa complexité.

Carte d'identité

Les discours des personnages sont rassemblés sous le même sigle qui constitue la première trace de leur identité. Les noms attribués aux personnages sont une indication importante, au point que certains dramaturges les en privent, sans doute pour qu'ils ne soient pas trop marqués socialement et que l'accent reste mis sur ce qu'ils disent. Ainsi Nathalie Sarraute dans *Pour un oui ou pour un non*, les appelle H1, H2, F1, H3, les limitant à être des énonciateurs sexués. Henri Mainié (voir p. 106) leur accorde un seul tiret annonçant le changement de réplique.

Dès la liste des personnages, nous prenons conscience d'une constellation de noms qui constituent un ensemble cohérent et chargés de diverses connotations. Labiche (*L'Affaire de la rue de Lourcine*) les appelle Lenglumé, Mistingue, Potard, Justin et Norine. Ils n'ont pas de prénoms, sauf peut-être Justin, le domestique, qui lui, n'aurait pas de nom. Outre les résonances drolatiques ou prosaïques de ces noms, vite repérées, nous pouvons les mettre en relation avec la fable. Lenglumé et Mistingue, deux anciens condisciples de pension, ont dormi ensemble à la suite d'une nuit de beuverie au cours de laquelle ils auraient commis un crime dont ils ne se souviennent pas ! Quant à Norine, (femme de Lenglumé) diminutif probable d'Honorine dont le nom au complet n'apparaît jamais, est-ce parce qu'elle n'est pas honorable ou qu'elle n'est pas honorée ? Le jeu des identités cesse vite ici d'être objectif et propose toute une série de pistes qui concernent l'action et le sens. Un personnage ne se construit pas seulement à partir de son nom, mais nous ne pouvons pas ignorer la façon dont les auteurs les nomment.

Nous disposons rarement d'une biographie complète d'un personnage, même si nous procédons par recoupements. Il faut attendre le XVIIIᵉ siècle pour que de larges informations soient fournies. Ainsi dans *Turcaret* de Lesage (1709), nous apprenons que le héros est fils d'un maréchal-ferrant de Domfront, qu'il a été capitaine-concierge à Falaise après avoir été le domestique d'un marquis et qu'il a épousé la fille d'un pâtissier avant de devenir le brasseur d'affaires qu'il est au début de l'intrigue. Encore l'enjeu pour Lesage est-il davantage socio-historique que strictement biographique. R. Abirached compare utilement Turcaret au Monsieur Jourdain et au Georges Dandin de Molière, en soulignant que si Molière ne fournit pas autant d'informations, nous avons largement de quoi les imaginer. C'est là une question essentielle pour l'acteur qui n'a pas nécessairement besoin de faire une enquête serrée sur les capitaines-concierges de Falaise pour jouer le rôle de Turcaret, mais pour qui l'information peut prendre une tournure propre à déclencher l'imagination.

Le simple examen d'identité renvoie à des pistes très diverses : à la mythologie (Oreste), à l'Histoire (Jules César), à la tradition théâtrale (Arlequin) ou même à la pure abstraction s'il s'agit d'une allégorie (la mort). Quand nous envisageons donc un relevé d'identité pour un personnage, celui-ci ne prend vraiment sens que dans le contexte de la pièce envisagée comme une structure fermée. Les informations extérieures s'avèrent souvent à double tranchant, puisque en savoir beaucoup sur un personnage dans le texte peut rendre encore plus épineux le passage à la scène si nous nous laissons entraîner sur des fausses pistes par des clichés. Comment jouer Napoléon, par exemple, même après avoir consulté tous les textes et toute l'iconographie sur le personnage historique ? Comment jouer la mort, et, bien sûr, comment jouer Arlequin aujourd'hui, même en sachant tout de tous les arlequins ?

En fait, Anne Ubersfeld récuse à juste titre toute analyse individuelle au profit d'une réflexion sur le *système* des personnages dans une pièce donnée. Le relevé des traits pertinents pour chaque personnage devient donc indispensable puisqu'il permet de repérer des oppositions et des ressemblances. Que le personnage soit un roi n'a vraiment de sens que si on l'envisage par rapport aux autres, qui ne sont pas rois. Richard Monod parle, lui, de *constellations* de personnages, du microcosme structuré dans lequel ils sont totalement interdépendants. Evidences apparentes qui permettent d'échapper au labyrinthe des référents historiques. Dans l'exemple donné plus haut de *Turcaret*, il n'est pas indifférent que Monsieur Turcaret soit entouré de personnages qui s'appellent la baronne, le chevalier, le marquis (mais sans noms, le titre seul suffit) d'autres qui s'appellent Lisette, Frontin ou Marine, et d'autres encore qui s'appellent Flamand. Les perpétuels «monsieur» que tous emploient pour désigner Turcaret prennent toute leur valeur. Lui seul est nommé par son nom, avec Monsieur Rafle. Quant à la présence de noms comme Lisette ou Frontin, elle raconte bien le projet de Lesage qui parle du monde qui l'entoure avec quelques personnages issus directement de la tradition théâtrale. L'individualité de chaque personnage ne se construit qu'à l'intérieur du groupe de protagonistes, les ressemblances et les oppositions s'avérant seules pertinentes dans leur contexte.

Dans un autre registre, les personnages *d'En attendant Godot* de Beckett, le fameux quatuor Wladimir, Estragon, Pozzo et Lucky, ont des noms aux consonances renvoyant à des nationalités diverses. Ces personnages sont organisés en deux duos, utilisent parfois des diminutifs (Didi et Gogo pour Wladimir et Estragon), des faux noms (Albert et Catulle pour les mêmes), ont des noms qui peuvent être traduits (Lucky, ironiquement chanceux) ou permettent des variations phonétiques (Pozzo, Bozzo, Gozzo). Le cinquième, qui n'apparaît que furtivement, n'a d'autre nom que celui de «garçon», ce qui le place immédiatement par opposition dans un autre monde, celui de Godot, dans le nom duquel on a pu voir le God anglais en même temps que des consonances bien françaises. L'ironie de Beckett joue à plein dès la désignation des personnages, et on peut penser que ça n'est pas une mince indication que de jouer Gogo face à Didi quand on attend Godot et que l'on rencontre Pozzo dont on ne sait pas s'il ne s'appelle pas Bozzo ou Gozzo !

Il est utile de travailler de la même façon avec toutes les indications concernant les personnages. En quoi le fait de savoir l'âge exact d'Arnolphe (*L'Ecole des Femmes*), aimablement fourni par Molière, nous aide-t-il à saisir le personnage, si ce n'est pas opposition aux autres ? Car les historiens savent bien que les quarante-deux ans d'Arnolphe font de lui un homme relativement âgé au XVIIe siècle, ce que la pièce ne cesse de signifier. Cette indication d'âge, rare chez Molière, n'est que le symptôme du malaise d'Arnolphe, (ou de son obsession) elle n'est pas très utile du point de vue biographique. Quant à l'âge réel de Wladimir et Estragon dans *Godot*, faut-il croire Pozzo quand il leur donne soixante ou soixante-dix ans ? Certes, ils ne cessent d'évoquer leurs douleurs et leurs infirmités, mais leur âge pour l'état civil (et donc pour le choix d'un acteur) n'est pas capital. Ils sont littéralement «sans âge» ou plutôt «hors d'âge», leur rapport au temps, à la durée et à la mort s'avérant de loin plus intéressant que des informations anecdotiques sur ce qu'il pourrait leur rester à vivre.

Dans cette quête d'informations, nécessaire de toutes façons, nous voyons se dessiner les figures en pointillés des personnages dans le texte, sans que nous puissions affirmer que ce sont là les figures justes ni les figures indispensables. Les choix interviennent au moment du passage à la scène, quand une constellation d'acteurs se substitue à une constellation de fantômes. Bien que dans l'analyse nous cherchions à tout savoir de ces fantômes, toutes les informations ne s'avèrent pas pour autant utiles et ne sont pas toujours à prendre pour argent comptant. Aussi précise qu'elle soit, notre enquête ne débouche pas sur un relevé d'état civil. Les informations du texte sont sujettes à caution et laissent une marge d'interprétation importante, celle du travail artistique. De plus, dans le théâtre contemporain, les auteurs se plaisent souvent à alterner certitudes et incertitudes, détails biographiques et vides énormes. Nous ne savons rien des H1 et des H2 de Nathalie Sarraute, puis au détour d'une réplique nous apprenons que la mère de H1 est morte et qu'elle les considérait comme bons amis. L'information est précise, elle n'est pas décisive, pas plus que celle de Lesage qui dit que Turcaret a épousé la fille d'un pâtissier. Le personnage textuel gît entre ces repères, il appartient à la scène de les activer en leur donnant ou non de l'importance.

Le personnage, force agissante

Face à la conception traditionnelle d'un personnage-noyau, défini par son être, s'est élaborée l'image d'un personnage défini par les actions qu'il accomplit, par la façon dont il s'inscrit dans la fable en devenant le support et le vecteur de forces agissantes. Aristote le précise déjà :

> «Les personnages n'agissent pas pour imiter leur caractère, mais ils reçoivent leur caractère de surcroît, en raison de leur action, de sorte que les actes et la fable sont la fin de la tragédie, et c'est la fin qui, en toutes choses, est le principal.» (*Poétique*).

Les recherches récentes sur la narrativité, sur les structures du récit, conduisent à analyser les personnages comme des forces, des actants. Nous pouvons répondre à des questions comme : que fait le personnage ? Que veut faire le personnage ? sans nous embarrasser d'une relation de cause à effet avec ce que l'on pourrait appeler ses motivations. En évitant tout point de vue moral qui s'efforcerait de justifier les actions du personnage, et tout point de vue psychologique qui ferait entrer en ligne de compte des critères de cohérence ou de vraisemblance. Les travaux de Propp et de Greimas, déjà mentionnés à propos de la fable, sont donc à prendre en considération ici du point de vue du personnage.

Cette analyse permet d'échapper aux entrelacs des commentaires et des points de vue en remettant à plat ce qui est strictement la part du personnage dans l'action.

Prenons par exemple le personnage de Monsieur de Pourceaugnac, dans la pièce de Molière du même nom. Que fait-il ? Il vient de Limoges à Paris pour épouser Julie à la suite d'un accord épistolaire avec Oronte, père de celle-ci. Il rencontre Eraste et accepte son hospitalité. Il échappe à des médecins qui le disent malade et veulent lui faire prendre quelques clystères. Il cherche à rencontrer Oronte. Il nie avoir épousé plusieurs femmes. Il est séduit par Julie et ainsi de suite. En définissant strictement le personnage du point de vue de l'action et en dehors de toute idée préconçue, on constate qu'il n'y a rien là de vraiment ridicule. Son moteur principal est de venir épouser une jeune fille, ses autres actions consistant principalement à échapper à tout ce que d'autres veulent lui faire subir. Ce qu'il est convenu d'appeler le ridicule de Pourceaugnac n'est donc pas dans l'action, sauf si l'on considère qu'il y a scandale et folie dès lors qu'un limousin prétend quitter sa ville natale pour épouser une parisienne. Ce qui pèse sur Pourceaugnac n'est pas vraiment dans ce qu'il fait, mais dans le complot qui pèse sur lui. L'étude de l'action lève un lièvre de taille, puisque Pourceaugnac n'a «rien fait de mal» et que ce qu'on lui fait, en revanche, s'attaque directement à son identité et pose le problème du point de vue sur la pièce. Son seul défaut serait-il d'être limousin et de s'appeler Pourceaugnac ?

Définir ce que fait le personnage n'est pas toujours simple puisque là encore, il faut faire la part des idées reçues, mesurer les relations entre la parole et l'action, les différences entre la volonté ou le désir d'action et ce qui est réellement accompli (Pourccaugnac n'épouse pas Julic, bien que ce soit cela qui le fasse agir). Il est donc utile d'établir la liste des actions successives en suivant l'ordre du récit, même si certaines d'entre elles ne semblent pas capitales ou s'il est tentant de les réinterpréter. («Echapper aux clystères» risque d'être vite reclassé dans l'ordre du «comique» alors qu'il peut simplement s'agir d'une action de bon sens !). Les grandes actions ou le moteur principal d'un personnage peuvent se déterminer à partir de l'étude minutieuse de ses actions successives.

Il n'est pas exclu qu'un personnage poursuive en même temps ou l'une après l'autre des actions contradictoires ou apparemment telles. Arlequin, dans *La Double inconstance*, de Marivaux, n'a d'autre objectif que de retrouver Silvia qu'il aime sincèrement. Le fait qu'il change d'objet amoureux à la fin de la pièce n'a pas d'intérêt psychologique ou moral, puisque ce qui est en cause c'est de savoir comment d'autres personnages l'ont fait changer. Une étude du personnage à l'intérieur de la constellation montre que cet Arlequin s'engage dans des actions peu ordinaires, mais que, personnage codé, il obéit à la tradition et qu'il est toujours aussi sensible au fumet d'un rôt ou à la qualité d'un vin.

Dans les dramaturgies où «parler, c'est faire» (voir le chapitre sur l'énonciation), par exemple dans la tragédie ou dans une partie du théâtre contemporain, il est très délicat de cerner ce que fait le personnage. «Aimer» peut s'avérer l'activité principale d'un personnage racinien, en contradiction peut-être avec «gouverner». Le motif du prince amoureux constitue alors l'embryon du personnage, complété par l'étude de ses discours et par sa place dans la constellation de la pièce.

On assimile parfois à tort l'action au conflit, ce qui est une façon de ne prendre en considération qu'une forme de dramaturgie. Il est difficile de définir les actions des personnages dans *En attendant Godot*, du moins si l'on en cherche une qui paraisse évidente et importante. On l'a souvent dit, ils ne font qu'attendre, et on en conclut un peu hâtivement qu'ils sont vides de désir. Un relevé attentif montre qu'une série de micro-actions les occupe, telles qu'enlever sa chaussure, raconter des histoires, guetter les reliefs du repas de Lucky. Le fait que ce ne soient pas des «grandes actions» ne les annule pas pour autant et aide à construire le personnage, si l'on admet, tout idéalisme exclu, qu'enlever sa chaussure puisse présenter autant d'importance pour un personnage qu'entrer en guerre pour un autre.

Impossible de cerner un macro-conflit pour les trois personnages de *Nina c'est autre chose*, de Michel Vinaver. Définir ce que veut Nina, et ce que fait Nina, devient possible dès lors qu'on se limite à des séquences courtes et que là encore on prenne en considération toutes les actions du personnage, aussi minimes soient-elles. Entre les actions rapportées et celles qui ont lieu sur scène, nous savons qu'elle laisse traîner ses magazines, qu'elle omet de s'enfermer dans les toilettes. Nina ôte les tentures de l'appartement, amène une baignoire ancienne qu'elle installe au milieu du salon, s'assied sur les genoux de Sébastien, lui réclame un baiser, invite ses amis au cinéma, soigne la blessure de Sébastien. Aucun «grand dessein», certes, mais une somme de micro-actions qui construisent aussi une identité.

Quand nous prenons littéralement acte de ce que fait le personnage (et bien entendu par la même occasion de ce qu'il ne fait pas) nous commençons à entrevoir que son statut en fait un agent de l'action, un vecteur qui aimante des désirs épars dans le texte, une identité fictive parfois à peine ébauchée sous laquelle se rassemblent des discours. Il ne nous semble pas possible de n'en faire qu'une force abstraite interchangeable dans plusieurs situations dramatiques – types, comme pourrait nous y pousser par exemple le livre d'Etienne Souriau, *Les Deux Cent Mille Situations dramatiques*.

Le sujet du discours, l'objet du discours

Chaque personnage est à la tête d'un ensemble de répliques, de monologues ou d'apartés qui constituent «son texte». A la limite, c'est la seule trace concrète de son existence textuelle, et il existe toujours une tradition dans certains théâtres, où le comédien qui se voit offrir le rôle est en même temps renseigné (et parfois payé) en fonction du nombre de lignes qu'il aura à «dire» en jouant le personnage.

A l'intérieur de chaque pièce, nous pouvons mesurer l'importance quantitative du discours d'un personnage et en faire un premier indice de son existence. Il existe ainsi des personnages prolixes, d'autres peu bavards. L'étendue du discours d'un personnage se compare aussi à la fréquence et à la durée de ses apparitions. Des personnages sont rares et néanmoins «bavards», d'autres ont une présence continue qui ne s'accompagne que de paroles laconiques. Monsieur de Pourceaugnac, rôle-titre de la pièce du même nom, est un personnage qui parle peu et qui subit beaucoup. Ces indices mathématiques ne mènent pas très loin mais permettent au moins des comparaisons, parfois surprenantes, à l'intérieur d'une même pièce.

Du point de vue qualitatif, un personnage parle de lui et des autres. D'autres tiennent un discours sur lui. Il est donc possible de jouer au jeu des portraits, mais en ne se faisant guère d'illusions, car tous les personnages mentent, ou plus exactement ont un discours sur le monde et sur les autres qui n'est pas objectif. L'exemple le plus célèbre est celui de Tartuffe, «Gros et gras, le teint frais et la bouche vermeille» selon Dorine. De Louis Jouvet à Gérard Depardieu, les incarnations successives de Tartuffe n'obéissent pas toujours, loin s'en faut, à ce portrait. Après tout, il s'agit là de la façon dont Dorine voit Tartuffe, de son sentiment par rapport à lui. Peut-être est elle ironique, peut-être l'imagine-t-elle de toutes façons trop gras et trop vermeil, tout occupé qu'il est à littéralement «se nourrir» de la famille d'Orgon. Le sein de Dorine («Cachez ce sein que je ne saurais voir») n'est peut-être pas plus exposé que les joues de Tartuffe ne sont vermeilles, il s'agit là du mode de perception des personnages, de l'individualité qu'exprime le langage.

On ne peut guère faire davantage confiance aux discours que les personnages tiennent sur eux-mêmes, quand ils s'analysent, s'expliquent, se plaignent. Tout au plus peut-on mesurer et apprécier la complexité de discours qui varient selon les interlocuteurs. C'est pourquoi le langage de chacun, pris isolément, n'a qu'un intérêt limité si l'on ne vérifie pas à qui il s'adresse et pourquoi il est construit de cette façon. Nous avons traité plus largement ce sujet au chapitre 4, consacré à l'énonciation. Notons cependant que toute conception globale ou trop rapide du personnage ne produit que des caricatures. Il est plus intéressant de mesurer les contradictions d'Orgon selon qu'il s'adresse à sa femme, à ses enfants, à Dorine ou à Tartuffe, que de l'étiqueter unilatéralement comme dupe ou comme vil égoïste.

Enfin, et comme nous le verrons à propos de la double énonciation, le discours du personnage n'est pas vraiment le sien, mais celui de l'auteur qui le fait parler. Pourtant, l'auteur ne s'identifie pas forcément au personnage, comme on a parfois voulu nous le faire croire dans des travaux où la critique s'efforce de retrouver la biographie de l'auteur derrière les différents discours.

Une fois de plus, nous sommes dans l'entre-deux, ou plutôt dans les subtilités du je-tu-il, où l'auteur fait parler des personnages qui ont besoin du corps d'un acteur pour naître et de la présence du public pour exister tout-à-fait. On comprend mieux les difficultés théoriques liées au personnage si on l'envisage comme un véritable carrefour de différents discours, comme une nécessité irremplaçable et complexe de la fiction théâtrale.

Le personnage de théâtre est, dans le texte, un fantôme en quête d'incarnation et dans la représentation, un corps toujours usurpé parce que l'image donnée à voir n'est pas la seule possible et qu'elle n'est jamais tout-à-fait satisfaisante. Il nous revient, dans nos lectures, de nous abandonner à cette part de rêve et de construire en même temps une enveloppe solide pour le saisir.

APPLICATIONS PRATIQUES

1. *Arlequin est un type de la commedia dell'arte d'abord popularisé dans les canevas dont se servaient les acteurs pour improviser et repris seulement plus tard dans l'écriture dramatique. Ce personnage est déjà codé, défini par un masque, un habit, une tradition de jeu transmise par de grands acteurs. Pourtant, des auteurs ayant leur propre univers le reprennent dans des fables différentes. Etudiez donc ce qui arrive au personnage d'Arlequin, par exemple dans* L'Arlequin valet de deux maîtres *de Goldoni (1748) et dans quelques œuvres de Marivaux,* Arlequin poli par l'amour *(1720),* L'Ile des esclaves *1725),* La double inconstance *(1723),* Le Jeu de l'amour et du hasard *(1730). En étudiant les actions et les discours de chacun des Arlequin, mesurez ce qu'il doit à la tradition et ce qu'il apporte comme propositions nouvelles ou différentes.*

2. *Construisez la constellation des personnages de* La Cerisaie *de Tchékov en les opposant ou en les rapprochant selon tous les critères qui vous sembleront pertinents.*

3. *En ne partant que de leurs noms, et sans jamais vous référer à la fable,* *jouez à trouver toutes les connotations que vous inspirent les personnages d'En attendant Godot. Faites le même travail pour les personnages de L'Affaire de la rue de Lourcine de Labiche, évoqués dans ce chapitre. Mesurez l'intérêt et la validité de vos trouvailles après une lecture attentive des œuvres.*

4. *Dans Pour un oui ou pour un non de Nathalie Sarraute, les personnages ne sont évoqués que par des lettres et par des chiffres. Pourtant, la lecture du texte fournit pour chacun un certain nombre d'indices qui leur donnent un peu plus de poids de réalité. Cela suffirait-il pour que vous osiez les nommer ? Qu'est-ce que cela changerait dans la conception même de la pièce ?*

LECTURES CONSEILLÉES

ABIRACHED Robert,
  La Crise du personnage dans le théâtre moderne, Paris, Grasset, 1978.

MONOD Richard,
  Les Textes de théâtre, Paris, Cedic, 1977 (voir notamment «les constellations», p. 74 et suiv.).

PAVIS Patrice,
  Dictionnaire du théâtre, Paris, Éditions sociales, 1980.

UBERSFELD Anne,
  Lire le théâtre, Paris, Éditions sociales, 1977 (notamment le chapitre III sur le personnage).
  Dictionnaire des personnages de tous les temps et de tous les pays (Laffont-Bompiani), Laffont, Bouquins, 1984.

VI. Le lecteur s'expose

Boby Lapointe écrivait en 1975 une chanson intitulée *L'Ami Zantrop* sur une musique créole qui dit notamment ceci :

«Non je ne puis souffrir cette lâche méthode Ah il aim'pas
Qu'affectent la plupart de vos gens à la mode Il aim'pas la mode
Et je ne hais rien tant que les contorsions Il aime pas du tout»
La chanson se termine de la façon suivante :
«Elle est comme ça Célimène...
Elle aime avoir beaucoup d'amoureux
Qui font «Nanana» des manières
Oh oui mais tout ça c'est bien triste
Et ça donne envie de partir
«Et chercher sur la terre un endroit écarté
Ou d'être homme d'honneur on ait la liberté»
Comme il a dit un copain à moi
Seulement voilà y en a pas
Tout est loué depuis Pâques
Alors qu'est-ce que tu veux faire ?»

La chanson ironise sur le commentaire de texte simplificateur, sur la façon dont le contexte de l'œuvre est modifié, (Alceste et Célimène font le tour des boîtes de nuit) et renoue avec la tradition parodique. Pourtant, l'univers qu'elle construit parle quand même du *Misanthrope*, d'une manière plaisante et bien sûr très personnelle, ne serait-ce qu'en rappelant que tous les «endroits écartés» sont déjà «loués» et en renvoyant le héros à la dérisoire impossibilité de trouver la solitude dans un monde «chic» où tous les espaces libres sont retenus.

Cet exemple pose à sa façon le problème des limites de la réception d'un texte. Le schéma traditionnel de la communication qui analyse les processus «d'encodage» et de «décodage» d'un message ne tient pas assez compte du fait que les codes du destinataire peuvent différer, totalement ou en partie, des codes de l'émetteur. Ici, la chanson se fonde délibérément sur *l'écart* supposé entre les codes de la pièce du XVIIe siècle et un lecteur imaginaire, plutôt jovial, et prompt à opérer une «mise en tropes» originale d'une histoire d'amour où «Célimène ne dit pas toujours Amen» et qui ne se pose pas une seconde la question du «respect» du texte quand il le lit à sa façon.

C'est un vieux problème qui se pose dans toute analyse de texte. «Il n'y a pas de vrai sens d'un texte» a dit Paul Valéry. Mais une fois libéré de l'obsession du «vrai sens» qu'il n'est plus tenu de trouver, le lecteur ne sait pas toujours quoi faire de sa liberté, surtout face à un texte de théâtre. Certaines mises en scène sont ainsi qualifiées de «délirantes» par des spectateurs qui acceptent pourtant le principe d'une «lecture» du texte, mais qui réclament quand même des limites ou des garde-fou aux interprétations qui leur sont proposées. Face aux excès, on en revient ainsi à des arguments traditionnels fondés sur le «respect» ou les «véritables intentions» de l'auteur.

Umberto Eco repose le problème du lecteur dans *Lector in fabula* en se plaçant strictement sur le terrain des discours et non sur celui des subjectivités :

> «La coopération textuelle est un phénomène qui se réalise, entre deux stratégies discursives et non pas entre deux sujets individuels.»

Il rappelle qu'un auteur organise sa stratégie textuelle en prévoyant un «lecteur modèle», non pas en espérant qu'il existe mais en «agissant sur le texte de façon à le construire». Le lecteur réel déchiffre le texte en utilisant un code, un système complexe de règles implicites qui commandent l'écriture à une époque donnée. Il y a donc un «droit» du lecteur à l'interprétation, c'est-à-dire à l'activation de pistes qu'il repère dans le texte et qui y ont été «prévues» par l'auteur. Toutes ces pistes ne sont pas activées de la même façon par les différents lecteurs à différentes époques. Même s'ils traduisent de la même façon (ce qui est loin d'être sûr) ce que le signe graphique véhicule ordinairement, ils diffèrent face à «l'interprétant» c'est-à-dire devant l'idée à laquelle le signe donne naissance. Quand il assimile «faiseur» et «contorsions» et qu'il les interprète comme «danseur de jerk», Boby Lapointe fait mine d'ignorer le code, ici le vocabulaire du XVIIe siècle, et il inscrit l'expression dans l'univers mental de son personnage, familier des boîtes de nuit des années soixante-dix. Cet écart et la méprise volontaire qu'elle entraîne ne sont pas absurdes, puisque la métaphore de Molière est prise au pied de la lettre par le lecteur et qu'elle transpose les petits marquis en danseurs mondains. L'interprétation serait sans intérêt si elle ne manifestait pas la moindre connivence avec le texte et si elle ne se rattachait pas à un système de déchiffrage qui finit par constituer un univers cohérent.

Un tout autre exemple d'interprétation concerne cette fois la représentation, mais on pourrait l'assimiler à la lecture si sa manifestation n'en avait pas été publique. Après avoir mis en scène *L'Amant* de Harold Pinter, j'assistais de temps en temps au spectacle. Dans une réplique apparemment très anodine, Sarah, l'héroïne, annonçait à son mari qu'elle n'avait absolument pas pensé au dîner mais qu'«il restait quelque chose de froid dans le réfrigérateur». En répétitions, nous avions parlé de la distance ironique que Pinter prenait avec sa maîtresse de maison de la bourgeoise anglaise. Nous avions envisagé que l'absence de dîner n'était pas sans relations avec la visite de son «amant» l'après-midi et que ce «froid» qui restait était donc dû aux heures «chaudes» qui avaient précédé, et ainsi de suite.

A chaque représentation, une ou plusieurs spectatrices réagissait en s'exclamant, en se penchant sur son mari, ou en commentant la réplique. Les interprétations avaient toutes à voir, semble-t-il, avec l'absence de dîner et avec la légèreté avec laquelle Sarah traitait son mari en ne lui préparant pas à manger. Je n'avais évidemment pas envisagé cette lecture immédiate du texte, de maîtresse de maison insouciante à maîtresse de maison envieuse ou admirative, sur le mode : «elle en a de la chance de pouvoir oublier de faire à dîner !». Elle entre dans les interprétations du texte, puisqu'il est clair qu'on lit aussi avec sa subjectivité, et notamment avec les préoccupations immédiates qui constituent nos univers.

Il y a une différence de taille entre : «on peut faire l'usage qu'on veut d'un texte» (toutes les *utilisations* en sont possibles) et «on peut donner de très nombreuses interprétations à un texte». Peut-être est-ce là l'origine d'une méprise. Certaines mises en scène se servent davantage du texte comme un «prétexte» (nous ne portons pas de jugement sur ce point) et l'utilisent donc de manière subtile, révolutionnaire ou pernicieuse. D'autres cherchent à activer les réseaux de sens du texte à l'intérieur d'un système interprétatif. Les travaux que nous avons proposés s'inscrivent plutôt dans cette logique-ci. Mais la distinction n'est pas aussi simple. Puisque le travail artistique met en jeu l'imaginaire, on peut aussi considérer qu'un texte stimule l'imagination et ouvre des portes qui ne sont pas strictement celles de l'interprétation. C'est pourquoi nous avons eu tendance à distinguer deux étapes de travail. La première porte sur le repérage et l'interprétation de réseaux de sens, par une série d'analyses artificiellement séparées qu'il importe ensuite de combiner. La seconde, plus imaginative, développe des hypothèses davantage tournées vers le travail scénique.

Il semble nécessaire de distinguer une approche globale, fonctionnant davantage par associations libres (les petits marquis du *Misanthrope* me font penser par leurs contorsions à des danseurs de jerk) et une approche plus systématique de la lettre du texte (qui sont les petits marquis au XVIIᵉ siècle ?) sans forcément récuser un choix final hardi. Il est possible qu'à l'arrivée, le rapport contorsions/jerk existe toujours, mais d'une manière plus subtile que celle qui avait été initialement envisagée.

Cette distinction entre les deux approches est artificielle, car souvent les deux lectures se superposent ou opèrent dans le même mouvement. La mise en place d'une grille d'analyse n'empêche pas le déploiement de la subjectivité. Peut-être l'affine-t-elle, en évitant un jeu d'équivalences trop évident ou l'envahissement par des poncifs interprétatifs. Comme il existe un va-et-vient entre le texte et la scène, il existe une relation du même type entre le lecteur et le texte. Une piste de lecture demande à être développée, amplifiée, rêvée, et cependant revisitée et verifiée. Le lecteur ne surplombe pas le texte, il s'y expose.

Commentaire de textes

I. Une scène du *Dom Juan* de Molière

ACTE II, SCÈNE 3, DON JUAN, SGANARELLE, PIERROT, CHARLOTTE

1. PIERROT, *se mettant entre deux et poussant Don Juan*. Tout doucement, Monsieur, tenez-vous, s'il vous plaît. Vous vous échauffez trop, et vous pourriez gagner la purésie.

2. DON JUAN, *repoussant rudement Pierrot*. Qui m'amène cet impertinent ?

3. PIERROT. Je vous dit qu'ou vous tegniez, et qu'ou ne caressiais point nos accordées.

4. DON JUAN, *continue de le repousser*. Ah ! que de bruit !

5. PIERROT. Jerniquenne ! ce n'est pas comme ça qu'il faut pousser les gens.

6. CHARLOTTE, *prenant Pierrot par le bras*. Et laisse-le faire aussi, Piarrot.

7. PIERROT. Quement ? que je le laisse faire ? Je ne veux pas, moi.

8. DON JUAN. Ah !

9. PIERROT. Testiguenne ! parcequ'ous êtes monsieu, ous viendrez caresser nos femmes à note barbe ? Allez-v's-en caresser les vôtres.

10. DON JUAN. Heu ?

11. PIERROT. Heu. *(Don Juan lui donne un soufflet.)* Testigué ! ne me frappez pas. *(Autre soufflet)* Oh ! jernigué *(Autre soufflet)*. Palsanqué ! Morquenne ! ça n'est pas bien de battre les gens, et ce n'est pas la récompense de v's avoir sauvé d'être nayé.

12. CHARLOTTE. Piarrot, ne te fâche point.

13. PIERROT. Je veux me fâcher ; et t'es une vilaine, toi, d'endurer qu'on te cajole.

14. CHARLOTTE. Oh ! Piarrot, ce n'est pas ce que tu penses. Ce monsieur veut m'épouser, et tu ne dois pas te bouter en colère.

15. PIERROT. Quement ? Jerni ! tu m'es promise.

16. CHARLOTTE. Ça n'y fait rien, Piarrot. Si tu m'aimes, ne dois-tu pas être bien aise que je devienne Madame ?

17. PIERROT. Jerniqué ! non. J'aime mieux te voir crevée que de te voir à un autre.

18. CHARLOTTE. Va, va, Piarrot, ne te mets point en peine : si je sis Madame, je te ferai gagner queuque chose, et tu apporteras du beurre et du fromage cheux nous.

19. PIERROT. Ventrequenne ! je gni en porterai jamais, quand tu m'en poyerois deux fois autant. Est-ce donc comme ça que t'écoutes ce qu'il te dit ? Morquenne ! si j'avois su ça tantôt je me serois bien gardé de le tirer de gliau, et je gli aurois baillé un bon coup d'aviron sur la tête.

20. DON JUAN, *s'approchant de Pierrot pour le frapper.* Qu'est-ce que vous dites ?

21. PIERROT, *s'éloignant derrière Charlotte.* Jerniquenne ! je ne crains parsonne.

22. DON JUAN, *passe du côté de Pierrot.* Attendez-moi un peu.

23. PIERROT, *repasse de l'autre côté de Charlotte.* Je me moque de tout, moi.

24. DON JUAN, *court après Pierrot.* Voyons cela.

25. PIERROT, *se sauve encore derrière Charlotte.* J'en avons bien vu d'autres.

26. DON JUAN. Houais !

27. SGANARELLE. Eh ! Monsieur, laissez là ce pauvre misérable. C'est conscience de le battre. Ecoute, mon pauvre garçon, retire-toi, et ne lui dis rien.

28. PIERROT, *passe devant Sganarelle et dit fièrement à Don Juan.* Je veux lui dire, moi !

29. DON JUAN, *lève la main pour donner un soufflet à Pierrot, qui baisse la tête, et Sganarelle reçoit le soufflet.* Ah ! je vous apprendrai.

30. SGANARELLE, *regardant Pierrot, qui s'est baissé pour éviter le soufflet.* Peste soit du maroufle !

31. DON JUAN. Te voilà payé de ta charité.

32. PIERROT. Jarni ! je vas dire à sa tante tout ce ménage-ci.

33. DON JUAN. Enfin, je m'en vais être le plus heureux de tous les hommes, et je ne changerais pas mon bonheur à toutes les choses du monde. Que de plaisirs quand vous serez ma femme ! et que...

Dans un premier temps, nous procédons à une analyse réplique par réplique, en privilégiant l'étude du discours des personnages et leurs destinataires. Dans un second temps nous rassemblons les acquis de l'analyse autour de grands axes de réflexion qui aident à formuler des hypothèses de sens.

Nous évitons les références à l'ensemble de la pièce qui finissent par noyer le propos sous les généralités, tout comme le commentaire d'érudition qui alourdirait ici les intentions.

Situation de départ : Don Juan entreprend de séduire Charlotte en lui promettant le mariage, sous l'œil de Sganarelle obligé de témoigner en faveur de son maître. Entre Pierrot, fiancé de Charlotte, qui vient de sauver Don juan et Sganarelle de la noyade.

1. Analyse réplique par réplique

1. L'intervention soudaine de Pierrot est sans équivoque très physique, peut-être brutale. Il se place en rival, maître de Charlotte. Son discours est plus nuancé, où subsistent des marques extérieures de politesse conventionnelle («Monsieur» et le vouvoiement). L'impératif («tenez») est à peine adouci par le «s'il vous plaît». L'ensemble du discours est fait d'une série de recommandations comme s'il fallait que Don Juan prenne soin de lui. La «purésie» (pleurésie) est peut-être une allusion au récent bain forcé de Don Juan et souligne de manière injurieuse sa fragilité. A moins que Don Juan soit plus âgé que Pierrot, autre façon injurieuse de le rappeler au calme dans l'état d'excitation amoureuse où il serait.

Pierrot se place au-dessus de Don Juan physiquement (il le pousse) et par le discours, où les conseils successifs font de l'adversaire un être dont il faut prendre soin, à qui il pourrait arriver des malheurs. L'effet rhétorique inverse la sollicitude en menace.

Pierrot se souvient-il qu'il parle à un seigneur de la Cour ? La bourrade les replace d'homme à homme, même si le langage inscrit de manière insidieuse un respect de surface qui joue en faveur du paysan devenu conseilleur. L'attaque physique et verbale est rude et soudaine, surprenante. Mais Pierrot est sur son territoire.

2. Don Juan ne répond pas à Pierrot. Celui-ci ne peut pas être un interlocuteur possible pour le grand seigneur, il ne peut qu'être envoyé par quelqu'un, il n'existe pas en lui-même et n'a donc pas pu agir comme tel. La fausse question ne s'adresse à personne, elle n'est que l'occasion d'exprimer la surprise, d'annuler la présence du paysan en rabattant son identité sur son attitude : l'impertinence.

Pourtant, le corps de Pierrot est bien là et Don Juan ne s'y trompe pas, il le repousse rudement. Le combat de rue – ou plutôt le combat villageois – continue. En annulant son adversaire par le langage, Don Juan refuse de prendre acte de l'offense, mais l'urgence physique existe : il a été poussé, il repousse.

3. Adresse directe. Pierrot souligne d'emblée que c'est bien lui qui parle à Don Juan («je vous») ; le «dire», à usage phatique, (le langage sert à vérifier qu'on est bien entendu) indique que peut-être Don Juan n'a pas bien entendu. L'interdit est clairement annoncé, sous forme d'ordre (le mode n'est pas loin de l'impératif) et l'identité de Charlotte proclamée. Curieusement, le pluriel élève le sujet au-dessus du rapport inter-personnel, ou si l'on veut, de l'anecdote. La loi s'étend à toutes les accordées du village dont Pierrot se fait le défenseur.

4. Don Juan ne parle toujours pas à Pierrot, et mieux, il ne l'entend pas. En assimilant son discours à du «bruit» il refuse de lui accorder le moindre sens. La tournure exclamative dénote un agacement global, mais Don Juan ne répond pas et donc refuse de s'engager sur le terrain de la loi annoncée par Pierrot. Pendant ce temps, il a repris l'initiative du combat physique qu'il poursuit. L'adversaire n'existe que par son corps encombrant et bruyant qui sépare Don Juan de Charlotte et bloque le discours de la séduction.

5. Par la tournure impersonnelle, Pierrot annule également Don Juan. Il tient à nouveau un discours éthique général qui s'applique cette fois au combat. Il y a des règles sur la façon de pousser les gens. Le juron signifie littéralement *je renie Dieu*. La plupart des répliques de Pierrot sont colorées par des jurons qui traduisent sa colère et caractérisent son discours d'individu non policé.

6. Charlotte entre dans la conversation physiquement, en retenant Pierrot, et dans le discours, sur le mode impératif. Elle marque son pouvoir sur Pierrot, rétablit les identités et par son discours, rappelle qu'elle existe, qu'elle est à l'origine de la dispute et qu'elle a une opinion sur ce qui lui arrive. L'agresseur est Pierrot, c'est à Pierrot qu'elle s'adresse.

7. La surprise de Pierrot se marque par deux fausses questions. Il ne fournit ensuite aucun argument, mais le redoublement des pronoms (*je* et *moi*) donne à sa réplique la tournure d'un caprice. Sa volonté s'exprime renforcée, mais son autorité est incapable de prouver sa légitimé face à l'intervention de Charlotte qui le déséquilibre.

8. Don Juan n'a plus besoin de parler. L'interjection marque la satisfaction ou le défi, le discours de Charlotte lui suffit. Il s'abstrait du dialogue, se montre curieusement discret, comme si Charlotte lui servait de porte-parole ou de rempart.

9. Pierrot ne poursuit pas l'échange avec Charlotte et revient à son rival en prenant appui sur l'interjection lancée par celui-ci, puisqu'il entre quand même dans le dialogue. Cette fois son discours s'organise et il argumente. A nouveau, l'opposition se parle au pluriel, c'est *nous* contre *vous*, *nos femmes* et *les vôtres*, et la réfutation du droit du seigneur. Sans l'appui de Charlotte, donc sans légitimité personnelle et amoureuse, Pierrot change de terrain et s'installe sur celui de la légitimité sociale. La violence avec laquelle il renvoie à son propre territoire prend la forme d'un ordre. Elle est un peu contrebalancée par la plaisante bizarrerie de l'expression «caresser nos femmes à note barbe». Testiguienne est un juron qui signifie littéralement «*par la tête de Dieu*».

10. Même stratégic du laconisme chez Don Juan. Il ne parle plus à Pierrot autrement que par interjections. Celle-ci, en forme de question, peut s'entendre comme une menace, comme un défi à réitérer l'ordre. Le corps a sans doute remplacé le discours, il est prêt à frapper.

11. Pierrot répond littéralement du tac au tac, à une interjection par une interjection. Il se place à égalité avec Don Juan. C'est ce qui lui vaut une série de soufflets, forme de violence physique qui marque bien mieux les distances entre les deux hommes que les «poussées» précédentes. En les entrecoupant de jurons paysans. Molière mécanise les coups et les réactions, réduit une partie de leur violence en les théâtralisant. Depuis l'intervention de Charlotte, Don Juan a repris le pouvoir et s'il ne parle pas, il frappe. Pierrot ne s'y trompe pas, qui invoque la morale, à nouveau au pluriel («ça n»est pas bian de battre les gens») et entérine son infériorité par le rappel du service rendu au seigneur. Il ne menace plus, il demande qu'on l'épargne, au nom du donnant-donnant.

12. La réplique est totalement illogique. Tout se passe comme si personne n'avait entendu Pierrot, personne ne l'avait *vu* prendre des coups, et surtout pas Charlotte qui n'enregistre que l'humeur de celui-ci, en la coupant de ses origines, son infidélité et les soufflets qu'il vient pourtant de recevoir. Elle lui donne un conseil ou un ordre.

Cet aveuglement général (Sganarelle est également présent) ne s'explique que s'il n'y a rien à voir. Il est «normal» que Don Juan gifle Pierrot, en tout cas les témoins n'entérinent pas les coups par la parole. Quant à Don Juan il se tait toujours et ne relève jamais rien de ce que dit Pierrot, qui n'existe qu'en étant battu.

13. Le paysan est infantilisé dans le regard des autres comme si son obstination était déplacée et son langage dérisoire. Les mots semblent minimiser la faute de Charlotte, pourtant c'est bien vers elle que Pierrot revient, à elle qu'il destine les reproches. Il ne s'attaque plus à Don Juan.

14 à 19. Le dialogue ne se poursuit qu'entre le couple de paysans, Don Juan et Sganarelle restant probablement à l'écart. Ils donnent donc à voir leurs désaccords et leurs espoirs à celui qui vient de la Cour et à son valet, instaurés spectateurs.

Le rêve naïf de Charlotte est développé ici par la parole. Si elle quitte Pierrot c'est pour la bonne cause, pour devenir Madame. Cette situation est actualisée de manière comique par l'accélération du temps, par l'image du couple Don Juan-Charlotte («cheux nous») accueillant un Pierrot crémier. Celui-ci entre dans le jeu de l'actualisation en refusant à l'avance ses services futurs et l'argent qu'il pourrait gagner. Ils restent sur un terrain concrètement imagé.

Ce comique n'est pas exempt de cruauté. Pierrot chute directement de l'état d'accordé à celui de paysan à qui celle qu'il aimait fait gagner quelques sous, de pauvre entretenu. Mais lui préfère voir Charlotte «crevée» que devenue Madame. La cruauté générale est renforcée par le regard de Don Juan qui laisse se développer l'équivoque du projet de mariage où Charlotte foule au pied ses amours anciennes pour le rêve de réussite sociale. L'essentiel est peut-être dans ce regard. C'est Don Juan qui a tout lancé par la parole et maintenant, muet, il contemple les conséquences de ses discours.

La réplique 19 réintroduit la violence avec le motif du sauvetage abordé en 11. Cette fois-ci, Pierrot souhaite la mort de Don Juan, même si c'est au passé et à nouveau exprimé de manière imagée («un coup d'aviron sur la tête»). Quand le lexique devient concret (le beurre, le fromage, l'aviron), le changement de niveau de langue provoque un effet comique. La pulsion n'en est pas moins ici une pulsion de meurtre.

20. La menace, exprimée au passé devant un Don Juan plus présent qu'il n'en a l'air, provoque le retour de celui-ci dans la scène et lui restitue la parole, comme s'il ne supportait pas cette transformation, purement mentale, du scénario du sauvetage. On ne touche pas à son image, même verbalement ou *a posteriori*. Il reste cependant laconique, sa fausse question s'accompagnant d'une menace physique. C'est pourtant la première fois qu'il accorde une identité à Pierrot dans le langage, peut-être parce qu'il est totalement sûr de la conquête de Charlotte et de sa domination physique. Il vient d'être le témoin de l'aveu amoureux de Charlotte et surtout de la façon dont celle-ci a abandonné Pierrot. Lui fallait-il cette certitude pour qu'il se manifeste à nouveau ?

21 à 26.   Commence un ballet de menaces et d'esquives dans lequel, selon les indications scéniques, Charlotte, redevenue muette, sert de pivot. La scène avait commencé par une attaque de Pierrot, s'était poursuivie par des soufflets, elle continue par des défis verbaux. Pierrot ne veut plus se battre, mais il s'efforce de sauver la face verbalement. Quant à Don Juan, il ne craint pas de s'exposer dans un chassé-croisé de coqs de village où fusent les rodomontades. Là encore, y-a-t-il relation de cause à effet, lui fallait-il être témoin de l'abandon de Pierrot pour qu'il s'anime et prenne plaisir à cette partie de cache-cache autour de Charlotte ?

Comme en 11, on assiste à une sorte de mécanisation de l'activité physique, à une série de répliques parallèles, qui pourraient ne pas avoir de fin puisque le combat n'a pas lieu, qu'il ne s'agit que d'une sorte de parade des corps jusqu'à l'intervention de Sganarelle.

27.   C'est la première fois que Sganarelle intervient depuis le début de la scène. Son jeu d'observateur muet est donc entièrement à construire dans le spectacle. On ignore s'il se place à l'écart, comment il réagit, s'il s'attriste ou prend plaisir à ce qu'il voit, par exemple.

Sa parole rare prend ici davantage d'importance. Il occupe la position d'arbitre, de sage qui s'adresse alternativement aux deux adversaires et prend tout le pouvoir. Les impératifs et la tournure impersonnelle («c'est…») le soulignent. Il manifeste sa supériorité face à Pierrot (réitération de «pauvre») et fait appel à la morale pour parler à Don Juan. Sganarelle parle comme un Monsieur vertueux qui aurait des principes.

28.   Retournement mécanique de la situation. En croyant bien faire, l'arbitre a jeté de l'huile sur le feu et Pierrot réattaque. Chaque fois qu'on le conseille, il prend la position inverse (cf. 13 et ici encore le redoublement de pronoms). Si l'on en croit des didascalies, Sganarelle est physiquement ignoré, Pierrot ne lui accorde pas une grande importance sociale malgré l'élévation du discours !

29. L'indication de jeu appartient à la tradition des lazzi, qu'on retrouve aujourd'hui dans le burlesque (les tartes à la crème qui trouvent un destinataire innocent) et la tradition clownesque. C'est celui qui n'était pour rien dans l'affaire qui reçoit les coups. C'est d'autant plus plaisant ici que c'était la première fois que Sganarelle sortait de sa réserve, et que sa position élevée d'arbitre ne lui a pas réussi. La réplique de Don Juan n'a guère d'autre intérêt que de ponctuer le soufflet.

30. Le langage de Sganarelle change totalement. Il cesse de pontifier et retrouve instantanément l'usage de l'injure. Le coup l'a remis dans le jeu et l'a rendu à lui-même.

31. Don Juan place ironiquement l'intervention de Sganarelle dans le contexte de la morale chrétienne. La réplique laconique fait dévier la scène vers un autre règlement de comptes, celui qui oppose le maître et le valet. Don Juan retrouve vite ses esprits et n'omet pas de tirer la leçon de tout événement.

32. La réplique justifie la sortie de Pierrot et remet les choses dans le contexte villageois. La véritable autorité, celle de la «tante», est peut-être ailleurs. Paradoxalement, Pierrot s'en remet à une autorité féminine.

33. Sans transition aucune, Don Juan reprend sa déclaration, comme s'il s'agissait d'un texte appris par cœur. L'effet mécanique est d'autant plus saisissant que dans toute la scène Don Juan ne s'est jamais adressé à Charlotte et n'a jamais parlé d'elle, il a fait comme si elle n'existait pas. La réplique est générale, peu inventive («tous les hommes, toutes les choses du monde»), elle suit une tradition rhétorique du discours amoureux convenu. L'essentiel est de réintroduire le motif du mariage à venir et de la félicité partagée. Don Juan n'a pas la mémoire de ce qui vient de se passer. Une fois les deux trouble-fêtes écartés, l'urgence est de reprendre le texte de la séduction. Mais à peine entamé, celui-ci est à nouveau brutalement interrompu, comme si Don Juan ne pouvait jamais aller jusqu'au bout de ses projets amoureux.

2. Répartition de la parole

Don Juan est très peu loquace. Il a 11 répliques sur 33, mais la plupart sont très brèves. Les premières ne s'adressent à personne en particulier ; les suivantes, quand la présence de Pierrot est entérinée, constituent surtout des menaces. Une seule réplique trouve un destinataire direct, Sganarelle. (31), et c'est pour le moucher. Rien en direction de Charlotte tant que Pierrot est présent, comme si elle n'existait plus.

Charlotte ne s'adresse pas davantage à Don Juan. Elle parle 5 fois précisément à Pierrot, et à chaque fois le nom du destinataire figure dans la réplique.

Pierrot intervient 15 fois, en attaquant Don Juan, puis en s'en défendant ou en le provoquant à distance. Il ne dialogue avec Charlotte qu'à l'initiative de celle-ci.

L'intervention unique et tardive de Sganarelle lui est fatale.

C'est donc Pierrot qui intervient le plus, dans la logique de l'action. La répartition verbale joue en faveur des hommes, alors qu'on pourrait imaginer que Charlotte réagisse davantage ou cherche un appui du côté de Don Juan. Tout se passe comme s'ils ne se connaissaient pas, et d'ailleurs ils ne se connaissent pas.

3. Le temps

Charlotte a un *passé* que lui rappelle Pierrot, gardien du souvenir, champion de la loi et des généralités morales. Dans ce passé, existent le village, des promesses, des accordailles, une tante. Mais le présent («ce monsieur veut m'épouser») est trop fort et annule le reste, d'autant qu'il ouvre les portes de *l'avenir* : Charlotte sera une Madame. Don Juan, lui, est strictement au présent, il a oublié tout ce qui précédait ; il ne revient pas sur ses promesses à Charlotte en présence de Pierrot, et c'est comme s'il avait oublié qu'il avait été sauvé de la noyade par son rival. Le futur qu'il annonce à la fin de la scène ne dépasse pas le projet de mariage, son imagination s'arrête là. Comme s'il y avait mariage (c'est une formule magique) mais pas de couple, alors que Charlotte, elle, fantasme déjà «l'installation».

La figure principale est ici celle du temps suspendu et de *l'interruption*. Don Juan est interrompu par Pierrot à la fin de la scène 2, par Sganarelle au cours de l'action, par le retour de Mathurine ensuite. Le processus de séduction s'arrête à chaque fois et reprend ensuite mécaniquement. Les amours de Don Juan se déroulent entre deux événements, deux urgences, deux parenthèses, ils ne sont pas consommés. Du même coup, les scènes de séduction ne sont-elles pas aussi de véritables parenthèses ?

4. L'espace

Don Juan n'est pas sur son territoire, comme le rappelle Pierrot, et c'est un des enjeux de la scène. C'est vrai au sens propre dans le cadre villageois et champêtre, c'est vrai de l'espace social. Il vient d'ailleurs, il est de passage et comme déplacé. A chacun son espace, à chacun ses femmes.

Entre les corps des deux hommes s'engage un combat de prises d'espace, par poussées alternées, dont le corps de Charlotte devient le centre. Don Juan joue un temps au coq de village, et ça n'est pas sûr qu'il aurait le dessus. Il a alors recours aux soufflets qui viennent d'ailleurs et traduisent d'autres mœurs. Pierrot ne s'en remet pas et finit par abandonner le terrain pour aller chercher du secours, auprès d'une femme.

5. La parole et l'action

Poussées, bourrades, poursuites, soufflets, chassé-croisé, soufflets encore au troisième larron Sganarelle : la scène est faite d'actions successives, les corps sont en jeu.

Pierrot prend le dessus en profitant de la surprise (1 à 10). La parole est alors secondaire, commente l'agression, consiste surtout en interjections et en provocations qui accompagnent l'activité des corps.

Ensuite, chaque soufflet semble déclencher un juron de Pierrot ; la victoire provisoire de Don Juan arrête le combat, les explications entre les fiancés commencent.

C'est à nouveau le discours provocateur de Pierrot qui déclenche une réaction physique de Don Juan, et la réplique de Sganarelle qui lui vaut une gifle «perdue».

Sur cet arrière-plan actif, le silence de Don Juan qui pourrait reconnaître les faits ou dissiper une équivoque. Or, il frappe mais il n'avoue pas. Parler serait-il plus dangereux que s'engager physiquement ? Le champion de la rhétorique reste muet sur les faits, mais il n'accepte pas les débordements verbaux de Pierrot. C'est quand il en dit trop, quand il va trop loin que le paysan prend des coups. Il y a donc une limite à ne pas franchir. Le grand seigneur préfère le combat de ruc aux accusations impertinentes, il gifle mais il ne discute pas.

Pierrot semble ignorer l'existence de telles limites, tant ses répliques sont directes. Ce qui l'arrête une première fois sont les soufflets, ce sont eux qui marquent la fin de l'égalité du corps à corps, qui réintroduisent la distance. Il n'a plus ensuite la même superbe, comme si une loi non écrite venait de lui être signifiée. Don Juan a le droit de le gifler puisque la bataille se calme au lieu de s'enflammer.

Quel enjeu érotique Don Juan trouve-t-il dans cette échauffourée qu'il pourrait rompre à volonté, pourquoi cette inutile «dépense» dans le jeu des poursuites, sinon une sorte de plaisir gratuit de l'affrontement du rival, socialement nié, physiquement toléré ? Pendant l'interruption du discours de la séduction, la femme n'existe plus et le corps de l'autre homme est donc bon à frapper ?

6. Les effets de mécanisation

A plusieurs reprises, un système de répétitions s'instaure dans la scène, par la symétrie des répliques ou des actions, par la reprise en écho d'un mot. C'est le jeu des soufflets (11), la poursuite (20 à 25), l'esquive (28). Ces procédés rompent avec une continuité logique de l'action, comme si elle patinait sur place et se répétait ou dérapait en provoquant un effet comique. Ils sont souvent identifiés comme appartenant à la farce.

Ces séquences se prêtent à une double lecture. La répétition des coups est un redoublement pur de la violence. Quand à chaque coup correspond un juron sonore, l'effet burlesque «d'encaissement» fonctionne. L'être humain Pierrot devient littéralement une tête à claques.

Les défis répétés suivent le même schéma. Quand il provoque à distance, à plusieurs reprises, Pierrot est donné à voir comme lâche. Plus il parle, et moins il agit, plus son image de couardise s'affirme avec la même conséquence burlesque. Il est entré en jeu en amant jaloux, il devient punching-ball ou épouvantail que Don Juan s'amuse à humilier jusqu'à ce qu'il sorte chercher du secours.

La gifle qui échappe à Don Juan et frappe Sganarelle est un effet comique sûr. Celui qui parle trop et qui protège le faible est puni par une sorte de hasard malheureux. Ça n'est de la faute de personne si Sganarelle est frappé, c'est un «accident» qui atteint précisément le seul personnage qui a brièvement tenu un discours «charitable». Est-il ainsi payé de sa charité par la main divine ou de sa balourdise par un coup égaré ? La morale de l'histoire est qu'il aurait mieux fait de rester coi, et que le valet n'a pas à prendre parti pour un paysan quand son seigneur le frappe.

7. Enjeux et Hypothèses

Que veut Pierrot ? Exercer son droit amoureux légitime sur Charlotte. Sa revendication honorable tourne court. Charlotte ne veut plus de lui. Il ne lui reste qu'à «vouloir se fâcher», à se ridiculiser par son excès de rage. Charlotte ne veut rien qu'être Madame, et peu importe qui elle devra épouser pour cela, pourvu que le titre soit dans la corbeille.

Don Juan voulait sans doute Charlotte. Il aura Pierrot en attendant. Sganarelle veut monter en épingle sa sagesse et sa bonté. Voilà le prêcheur giflé.

Molière ne traite aucun personnage de manière univoque. Pas de héros ni de victime dans cette scène, pas de personnage franchement plus maltraité que les autres. Est-ce une scène farcesque ? Sans doute si l'on s'en tient à l'analyse de certains procédés, à l'usage du patois paysan et aux quelques mécanismes connus et vite repérés. Beaucoup moins si l'on prend en compte la violence réelle qui règne entre les personnages.

Résumons la fable de la scène : un paysan malmenait un seigneur occupé à séduire la fiancée de celui-ci, qui l'avait sauvé de la noyade. Le seigneur gifla le paysan impertinent à plusieurs reprises. Sa fiancée lui apprit que le seigneur l'épouserait et qu'en compensation elle ferait gagner quelque argent à son ancien promis. Le paysan souhaita la voir crevée, et il regretta de ne pas avoir tué le seigneur à coups de rame plutôt que de l'avoir sauvé.

Entendant cela, le seigneur le menaça à nouveau et les deux hommes se provoquèrent. Le valet du seigneur s'interposa en étalant sa sagesse, il reçut une gifle qui ne lui était pas destinée. Une fois le paysan parti, le seigneur reprit son entreprise amoureuse.

Coups, provocations, menaces de mort, arrangements financiers, moqueries diverses. Il n'y a rien là de comique en soi, si ce n'est le traitement théâtral qui rend burlesque les volontés des personnages. En quoi consiste donc ce traitement ?

– Le langage patoisant des paysans déforme de manière comique les horreurs qu'ils profèrent et leur ôte une partie de leur crudité. Tuer quelqu'un en train de se noyer devient «gli bailler un bon coup d'aviron sur la tête.» C'est sûrement plus drôle.

– La situation insolite met les personnages en porte-à-faux. Le grand seigneur est devenu coq de village, son rival un paysan, Charlotte une rêveuse trop naïve, Sganarelle un arbitre onctueux.

– La violence, mécanisée, répétitive, en partie vidée par le langage, n'est pas vraiment directe.

– Les enjeux sont pervertis et frappés d'irréalité, comme si rien n'avait d'importance. Don Juan est trop capricieux, Charlotte trop naïve, Pierrot trop colérique, Sganarelle trop patelin. Le véritable enjeu (la séduction de Charlotte par une fausse promesse et sa rupture avec Pierrot) est en partie masqué par la multiplication des détails comiques.

L'écriture de Molière laisse l'interprétation ouverte. Tous les enjeux exposés peuvent être pris au sérieux et la scène bascule alors vers la noirceur cynique. Mais si l'on ne prend en compte que les procédés farcesques, on vide la scène de son intérêt en la réduisant à une arlequinade légère.

La tradition de l'analyse littéraire prend au sérieux ce qui est dit, rarement les actions et les objectifs des personnages. Or, il y a dans la scène des enjeux érotiques et idéologiques qu'il faut jouer sans les souligner lourdement. La jouer trop vite ou trop ingénument reviendrait à les masquer. Mais il est impossible de jouer tout le potentiel du texte. Dans le passage au jeu, il y aurait d'autres découvertes, mais aussi renoncement à des structures de sens qui ne seraient pas activées. L'analyse du texte n'est pas un projet de mise en scène, mais aucune mise en scène n'éclaire la totalité d'un grand texte.

II. *Fin de partie* [1] de Samuel Beckett

1. Description

Le titre renvoie à la fin d'un jeu ou d'une fête (la party), aux derniers coups d'une partie d'échecs. Il n'est accompagné d'aucune indication concernant le genre. La pièce est dédiée au metteur en scène Roger Blin qui l'a créée en français à Londres en 1957, ce qui est un cas très rare dans l'histoire du théâtre. Curieuse trace du bilinguisme de l'Irlandais Beckett qui écrit indifféremment en français ou dans sa langue.

Aucune marque de séparation dans le texte, continu jusqu'au «rideau» final. Cette «fin» là doit se jouer d'une traite. Pourtant de nombreuses indications «un temps» entre les répliques marquent le rythme. Si cette «fin» est continue, elle n'est pas exempte de soubresauts.

Beaucoup d'indications scéniques d'ailleurs, presque quatre pages en tête du volume ; leur présence est régulière. Elles sont précises, concernent les actions des personnages, paraissent parfois redondantes par rapport aux répliques. «Va me chercher la gaffe» dit Hamm et plus loin, *«Entre Clov, la gaffe à la mains».* Elles concernent aussi des détails de rythme. Ainsi quand le réveil sonne en coulisse, *«Ils l'écoutent sonner jusqu'au bout».* D'autres indications s'appliquent au jeu. Clov commence à parler *«regard fixe, voix blanche».* Hamm parle *«avec colère».*

Rien de très particulier de ce côté. Tout au plus remarque-t-on le

---

1. Ed. de Minuit, 1957.

soin avec lequel Beckett dispense ses informations, comme s'il voulait faire partager des images qui accompagneraient son texte et qu'un modèle de représentation devait s'en déduire. Beckett a eu à plusieurs reprises des conflits avec des metteurs en scène dont il n'appréciait pas les choix.

Le texte destiné aux personnages est distribué de manière apparemment égale entre Hamm et Clov, Nagg et Nell faisant surtout une longue apparition. Il s'agit le plus souvent d'un dialogue laconique, de répliques plutôt brèves, avec des exceptions : quelques «pavés» de texte ici ou là, monologues, récits, «histoires». Ainsi Hamm a un long monologue dès la seconde réplique et un autre clôt la pièce, tous deux commençant par «A moi de jouer».

D'après ce premier regard sur le texte, on s'aperçoit que la forme est relativement «classique». Bien sûr, il n'y a pas de découpage traditionnel du texte, mais il existe des personnages qui entrent et qui sortent du jeu, un dialogue, des actions que précisent les indications scéniques. La physiologie du texte ne surprend pas vraiment.

2. Fable

Nagg et Nell s'étaient fiancés autrefois et le lendemain ils s'étaient promenés sur le lac de Côme, une après-midi d'avril. Nagg avait raconté à sa fiancée pour la première fois l'histoire du tailleur. Elle avait tellement ri qu'elle avait fait chavirer la barque et qu'ils avaient failli se noyer. Le fond du lac était blanc et net.

Plus tard, ils avaient eu un fils, Hamm. Nagg ne savait pas que ce serait lui et il semblait regretter le temps où l'enfant était petit et l'appelait la nuit.

Plus tard encore, ils avaient eu un accident de tandem dans les Ardennes, à la sortie de Sedan et ils y avaient perdu leurs jambes. Depuis, ils vivaient dans deux poubelles dans la maison de Hamm.

Il y a longtemps, la veille de Noël, Hamm avait reçu la visite d'un homme qui venait de Kov, de l'autre côté du détroit. Cet homme était venu demander du pain pour son enfant qu'il avait laissé seul là-bas, à trois jours de marche. Ils étaient les deux derniers habitants de l'endroit. Hamm avait proposé à l'homme d'entrer à son service et celui-ci avait demandé s'il accepterait de recueillir l'enfant aussi.

Clov s'occupait de Hamm qui était aveugle. Il le levait et le couchait, l'informait de ce qui se passait à l'extérieur, où tout était vide et gris.

En échange de quoi, Hamm, qui disait à Clov qu'il lui avait servi de père, le nourrissait de biscuits. Clov s'occupait également des parents de Hamm quand ils apparaissaient hors de leurs poubelles pour s'embrasser ou pour réclamer leur bouillie. Nagg racontait encore à Nell l'histoire du tailleur et elle riait d'un rire aigu.

Clov, qui ne pouvait pas s'asseoir, promenait Hamm dans son fauteuil à roulettes autour de la chambre puis il le ramenait au centre. Ensuite, il regardait encore la terre et la mer à l'aide de la lunette mais il n'y avait rien. Quand il eut une puce ou un morpion dans son pantalon il l'arrosa d'insecticide jusqu'à ce qu'elle se tînt coite.

Parfois, Hamm voulait partir sur la mer en radeau et il demandait s'il y aurait des squales. Il urinait et réclamait son calmant.

Hamm disait à Clov qu'il voulait le quitter mais qu'il ne pouvait pas. D'ailleurs, il n'avait pas la combinaison du buffet. Parfois, Clov allait dans sa cuisine regarder sur le mur sa lumière qui mourait ou voir ses graines qui ne germaient pas.

Hamm avait un chien en peluche que Clov lui amenait et c'était comme si le chien voulait aller se promener. Parfois ils priaient Dieu mais ça ne marchait pas. Parfois Clov mettait de l'ordre ou chaussait ses brodequins.

Un jour, Nell mourut et Nagg pleura.

Hamm voulut sentir le soleil et la mer sur son visage et Clov le conduisit près de la fenêtre. Mais il refusa de l'embrasser et il alla tuer le rat dans la cuisine. Hamm reprenait son histoire. Pour la pousser plus loin. Quand il demanda son calmant, il n'y en avait plus, et il n'y avait plus de cercueils.

Quand Clov regarda à nouveau dehors il vit un enfant à soixante-quatorze mètres de distance de la maison qui semblait regarder son nombril, mais Hamm refusa qu'il sortît.

Clov décida de partir et Hamm voulut qu'il chantât quelque chose. Puis il gagna la sortie et quand il s'arrêta sans se retourner Hamm le remercia et Clov le remercia aussi puis il sortit. Hamm appela son père qui ne répondit pas, jeta son chien et son sifflet et approcha le mouchoir de son visage.

Remarques

La rédaction oblige à faire des choix, et en dépit du laconisme auquel nous nous sommes tenus, l'ordre dans lequel les événements sont présentés fait inévitablement sens. Cette mise à plat montre cependant que la pièce comporte bien plus d'actions qu'on ne le pense, même si elles sont brèves ou qu'elles tournent immédiatement court.

La difficulté principale est de choisir entre le passé simple et l'imparfait. Par exemple, le dernier paragraphe rédigé à l'imparfait signifierait qu'il ne s'agit que d'une fin provisoire, non événementielle, et que le lendemain les choses reprendront leurs cours de la même façon. Rien n'oblige à dramatiser la sortie de Clov, le silence de Nagg et le monologue de Hamm. Il peut s'agir d'occupations «ordinaires» de fin de journée, de la fin de la pièce (les personnages laissent entendre à plusieurs reprises qu'ils jouent) ou de la mort.

Nous n'avons pas souligné dans cette fable les pistes «fins du monde» que Beckett indique ici ou là, en tout cas pas plus que ce qui est induit dans le récit. C'est le cas, par exemple, quand Hamm se demande s'ils ne sont pas en train de «signifier» quelque chose et qu'il ajoute : «Une intelligence, revenue sur terre, ne serait-elle pas tentée de se faire des idées, à force de nous observer ?». L'ironie de Beckett paraît suffisante sur ce point, l'écriture renvoyant à la fiction «d'après la fin» et à la réalité de la représentation, au spectateur comme «intelligence» en train de les observer et de comprendre ce qu'ils font. Ce double jeu permanent minimise le risque de lourdeur d'une interprétation métaphysique sursignifiée, puisqu'il existe toujours une piste qui dit que «c'est du théâtre», et seulement du théâtre.

3. Intrigue

Aucune intrigue au sens classique n'est décelable dans *Fin de partie*. Pas d'obstacle ni d'évolution réelle d'une histoire vers un dénouement préparé, puisque la fin est déjà dans le commencement.

Cependant, il existe des germes de conflits, des traces de luttes possibles comme si Beckett se souvenait des traditions de la vieille dramaturgie et qu'il s'en amusait.

Il existe un obstacle de taille à tout projet d'action. L'espace extérieur est comme détruit ; les personnages se déplacent avec difficulté et, à l'exception de Clov, ne pourraient guère sortir. Les handicaps sont posés d'entrée de jeu. Un personnage pourrait cependant venir d'ailleurs, une allusion y est faite dans le récit de Hamm. Beckett fournit l'amorce d'un second scénario de ce type quand Clov aperçoit un «enfant» à l'extérieur, mais ça ne va pas plus loin. De même, il entretient une certaine attente chaque fois que l'attention se tourne vers le paysage, comme si quelque chose pouvait se produire.

Il existe des germes de conflit entre Hamm et ses géniteurs, qu'il ne supporte pas. Mais il a tout le pouvoir et il lui suffirait de faire clouer les couvercles pour qu'ils ne l'ennuient plus jamais. Il lui arrive cependant d'appeler son père pour qu'il l'écoute.

Les deux vieillards pourraient s'allier à Clov contre Hamm. «Déserte» souffle Nell à Clov qui comprend – ou fait semblant – qu'elle l'incite à s'en aller dans le désert. La révolte n'aura pas lieu. Quant à Clov, s'il a un «rire bref» quand il les regarde, il ne manifeste rien explicitement.

Les projets amoureux entre Nagg et Nell ne peuvent guère aller loin, même si Nell, une fois réveillée, s'attend vaguement à ce qu'on lui propose «la bagatelle».

L'essentiel est dans l'affrontement entre Hamm et Clov. Au service de Hamm, Clov s'étonne de lui obéir en tout, mais il s'exécute. Tous deux se provoquent au conflit en évoquant à plusieurs reprises leur séparation et leur départ.

Hamm s'attend même à ce que Clov le tue ou bien il le menace de le laisser mourir de faim. Mais ce sont autant de fausses pistes ; Beckett suggère même une sorte de scénario policier autour de la possession de la «combinaison du buffet» où l'on ne sait pas ce qui est caché mais où l'on devine que c'est assez important pour être sous clef et donner le pouvoir. De l'argent ? des armes ? L'allusion anecdotique ne va pas plus loin, comme si les personnages l'oubliaient. La situation reste immuable. S'ils se détestent (mais se détestent-ils ?) ils sont liés inexorablement. On ignore même si la fin est un vrai dénouement. Dans ce cas, la pièce se terminerait par la mort immédiate ou à venir de tous les protagonistes, ce qui était prévisible depuis le début ! Si ça n'est pas encore le vrai dénouement, ça sera pour une autre fois, un autre jour.

Beckett pose d'emblée une situation immobile et il la maintient comme telle jusqu'à la fin. Mais une telle immobilité n'a d'intérêt que s'il est suggéré au lecteur et aux spectateurs que des événements vont se produire ou pourraient se produire qui mettraient fin au vide ambiant. Tout est joué d'avance et annoncé comme tel sans équivoque ; toute intrigue est donc inconcevable, et pourtant, tout comme le font les personnages, il nous arrive de croire qu'il va enfin se passer quelque chose. La construction de la pièce se fonde sur l'impossibilité totale de mouvement et d'évolution, et l'inscription, en filigrane, de manière contradictoire, de toutes sortes d'évolutions possibles, qui s'avèrent autant de culs-de-sac et de pistes avortées. L'illusion du mouvement est donnée par un usage en trompe-l'œil de la dramaturgie traditionnelle, indispensable pour que la pièce aille jusqu'aux limites de cette avancée immobile.

4. Schéma actantiel

Il est très difficile de déterminer l'axe principal, la flèche qui passerait du sujet vers l'objet et même de décider qui seraient sujet et objet. Les désirs des personnages sont peu caractérisés et, comme nous venons de le voir à propos de l'intrigue, les actions s'arrêtent à peine esquissées ou à peine envisagées.

On peut explorer un axe où il s'agirait de *finir*, éventualité à laquelle les personnage font souvent allusion. Finir équivaut pour Clov à *partir*, avec toutes les connotations du mot, et notamment *mourir*. Mais on ne peut pas dire que Clov et Hamm déploient beaucoup d'activité pour finir, ou pour en finir, à moins que l'on considère qu'ils veuillent finir de jouer, terminer la représentation. Mais s'agit-il encore là des personnages, ou des comédiens-personnages condamnés à ressasser le même texte, soir après soir ? Du reste, ils seraient tous d'accord, dans cette hypothèse, pour aller dans le même sens, et donc pour s'aider à finir.

Partir est une autre hypothèse. Clov en parle (et Hamm le lui rappelle de temps à autre) et, nous l'avons dit, on peut envisager la fin comme le départ de Clov. Impossible de savoir pour quoi ou pour où, et donc quelles valeurs seraient en jeu, si l'on envisage un départ concret, réaliste. Départ définitif ou provisoire, départ «mortel» ? Hamm en parle aussi, comme une fuite, un départ vers des lieux idylliques qu'il a connus autrefois, là où il y aurait la mer et de la végétation.

Personne ne veut vraiment rien de personne, sauf pour quelques instants, et personne ne peut rien pour personne, sauf de manière très partielle et très provisoire.

En rupture avec une tradition de l'action au théâtre, ces personnages pourraient n'avoir pour désir que le simple fait *d'agir*. Hamm est peut-être celui qui se manifeste le plus dans cette direction. Littéralement sans désirs, et sans possibilité de désirs, puisqu'ils sont dans un monde clos et sans vie apparente, leur effort se concentrerait entièrement sur le fait d'agir, quelle que soit cette activité et les formes qu'elle prend. Le plus souvent, ce sont en fait des réactions sporadiques et machinales qu'on peut difficilement identifier comme une volonté, et ils sont plus agis qu'agissants. Nous proposons le schéma très général suivant :

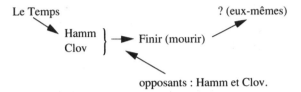

A cause du temps, immobile et répétitif, Clov et Hamm voudraient partir, en finir, mourir. Mais eux-mêmes continueraient, dans la mesure où ils sont «agis» par des habitudes et des rituels de survie. Nagg et Nell sont exclus du schéma, à moins qu'on les considère comme des modèles ou des anti-modèles déjà plus engagés dans le processus de «finir». Ce schéma se confondrait avec celui de la représentation où les comédiens voudraient (devraient) aller au bout, avec l'aide des spectateurs ou à cause de ceux-ci, ou même, amère ironie, malgré ceux-ci.

5. Espace et temps

Le texte fournit un grand nombre de renseignements concernant l'espace et le temps, souvent plusieurs occurrences par page. Les activités des personnages et leurs discours manifestent une préoccupation constante de ce qu'ils étaient, de ce qu'ils seront, de la transformation éventuelle de l'espace extérieur. Nous avons organisé ces occurrences autour de figures spatio-temporelles qui relèvent de l'organisation matérielle de la représentation ou qui éclairent des structures de sens. La distinction est délicate et incertaine.

Ici

Le lieu scénique est désigné par Beckett comme un *«intérieur sans meubles»* entouré de murs percés de deux petites fenêtres. Une porte, et près de la porte, *«un tableau retourné»*.

Il est désigné par les personnages comme une «maison», celle de

Hamm qui a servi de «home» à Clov («sans Hamm pas de home»). Clov fait plusieurs fois allusion à sa «cuisine».

En l'absence de meubles, (bien qu'il soit question dans le texte d'un «buffet»), il reste le fauteuil de Hamm, périodiquement recouvert d'un vieux drap ainsi que les deux poubelles également couvertes d'un drap, avec de la sciure dans le fond (il n'y a plus de sable) qui abritent Nagg et Nell. Cet espace est donc vide à l'exception des personnages qui l'habitent comme des meubles fragiles ou mis au rebut. Du mobilier humain ? Des boîtes à sciure qui abritent des animaux ou sont faites pour recueillir les déchets ?

Petites et hautes, les fenêtres comme les minces ouvertures d'une prison, les meurtrières d'une forteresse. Clov y accède par un escabeau pour regarder dehors.

C'est désigné comme une maison mais ça n'en a pas (plus) l'air, la coquille est presque vide. Pourtant, un tableau retourné y figure, le monde cul par dessus tête, l'envers du décor ? Un avertissement ironique qu'il n'y a plus rien à voir ni à représenter ? «Nous sommes dans un trou».

Ailleurs, aujourd'hui

L'extérieur est également caractérisé par le vide, dont Clov observe et commente l'évolution. «Hors d'ici c'est la mort» dit Hamm. Dehors il n'y a «rien». «Zéro». «Néant». Même le «fanal est dans le canal» alors qu'il en «restait un bout». Paysage en voie de disparition ? Tout y est «gris, gris, gris», la mer, l'Océan. Triste état du monde que «Dieu fit en six jours.» «Regardez (geste méprisant avec dégoût) – le monde – et regardez (geste amoureux, avec orgueil – mon **pantalon**.»

C'est l'heure de

Le présent est rythmé par des occupations prévues, attendues, qui reviennent régulièrement. Hamm demande l'heure. Hamm et Clov écoutent un réveil qui sonne longuement. Le présent «suit son cours» en égrenant lentement ses secondes. «Les grains s'ajoutent aux grains, un à un, et un jour, soudain, c'est un tas, un petit tas, l'impossible tas». C'est l'heure de mon calmant, de mon biscuit, de mon histoire, de me coucher ou de me lever. («Je viens de te lever»).

Occupations indispensables qui devraient marquer le temps, le saisir, le retenir ou l'accélérer. («Je ne peux pas te lever et te coucher toutes les cinq minutes, j'ai à faire»). Le problème c'est que «ça ne va pas vite» et que même quand on décrète que «ça ne presse pas», «c'est trop tôt». L'essentiel est de préserver «la routine. On ne sait jamais.»

Décidément, «quelque chose suit son cours» sur lequel les personnages, malgré leurs efforts, n'ont aucune prise. «Tu ne penses pas que ça a assez duré ?» Parfois, «ça avance».

Ah hier !

Hier il y avait tout ce qu'il n'y a plus aujourd'hui. Il y avait des bicyclettes, il y avait encore des vieux, des biscuits et des cercueils. Nagg et Neil avaient des jambes, la mère Pegg était jolie («nous aussi on était jolis autrefois») ; Clov aimait Hamm. Ou bien Clov n'était pas encore de ce monde («la belle époque»). Hier Nagg avait une dent. Autrefois il y avait de la sciure dans le fond des poubelles, maintenant c'est du sable. Hier existaient Sedan, les Ardennes et le lac de Côme. Hier il faisait «un temps de saison.» «Hier ! qu'est-ce que ça veut dire hier !»

Demain

Le futur sert à imaginer des scénarios pour la suite des choses. «Ça va finir, ça va peut être finir». Hamm est le plus prolixe à ce jeu. «Je ne te donnerai plus rien à manger». «Tu m'enterreras». «Tu ne viendras pas me dire adieu ?» Puisque ça n'est pas encore fini mais que la fin est en cours, c'est le dénouement qui intéresse le plus les personnages. Dans l'histoire de Hamm, c'est la fin qui est «inouïe», mais Clov préfère le «milieu». Quand Clov demande si «ce n'est pas bientôt la fin», Hamm répond «j'en ai peur». La sonnerie du réveil est «digne du jugement dernier». Quand Clov demande «Tu crois à la vie future», Hamm rétorque «La mienne l'a toujours été».

Difficile de savoir à l'avance. Nagg regrette d'avoir fait Hamm, il ne pouvait pas savoir que ce serait lui.

Hamm affectionne les scénarios qui finissent mal pour Clov, alors il *«prophétise avec volupté»*. «L'infini du vide sera autour de toi (…) tu y seras comme un petit gravier au milieu de la steppe.» Quand

Clov décide «je vous quitterai» tombe un «tu ne peux pas nous quitter».

Hamm invente parfois des solutions optimistes. «Mais derrière la montagne ? Hein ? Si c'était encore vert ? Hein ?» Des départs, des voyages, des fins heureuses, mais plutôt au conditionnel : «On dirait un rayon de soleil. *(un temps)* Non ?».

Centre

A la fin de sa promenade, l'aveugle Hamm exige d'être replacé «bien au centre». Il cherche une place qu'il ne retrouve pas «à vue de nez», ni trop à gauche ni trop à droite, ni trop en avant ni trop en arrière. Au centre de son monde et du monde.

Générations

Nagg et Nell sont les «géniteurs» de Hamm. Hamm est le père adoptif de Clov. Trois époques.

Scène

En inspectant l'espace extérieur à la lunette, Clov découvre «une foule en délire» quand il la *«braque sur la salle»* Hamm décrète que c'est à lui de «jouer» et annonce même son dernier soliloque. Nous sommes au théâtre.

Voyages

Immobilité des êtres dans cet espace figé. Clov, qui marche avec difficulté, est le seul à se déplacer de sa cuisine au plateau. Il pousse Hamm dans son fauteuil pour son voyage autour de la chambre. Rituel précis où ils rasent les murs et reviennent exactement au centre de la chambre. «Petit tour» ou «tour du monde», Hamm ne fait plus la différence.

Sortir encore. Le chien en peluche se tient comme s'il demandait «d'aller promener».

Hamm s'aide de la gaffe pour tenter un voyage solitaire mais il n'avance pas, même avec des roulettes graissées.

Restent les projets de voyage : «Allons-nous en tous les deux vers le Sud». Ou encore : «Si je pouvais me traîner jusqu'à la mer ! Je me ferais un oreiller de sable et la marée viendrait.» Le rêve du mouvement : «J'irais dans les bois. Je verrais... le ciel, la terre. Je courrais. On, me poursuivrait. Je m'enfuirais.»

Les souvenirs des voyages, l'accident de tandem de Nagg et Nell dans les Ardennes dont le souvenir les fait rire. Au moins ça bougeait. Les récits : «l'homme s'approcha lentement en se traînant sur le ventre». Images du mouvement, toujours, souvenirs de distances parcourues, comme «venir de Kov», «une bonne demi-journée à cheval».

Clov et Hamm évoquent le départ de Clov. Le jour où il va partir est sans cesse envisagé et sans cesse annulé («tu ne peux pas me quitter», «je ne peux pas aller loin»). Il reste les faux-départs quotidiens vers la cuisine, du seul personnage debout et qui marche, puisqu'il ne peut pas s'asseoir. «C'est ce que nous appelons gagner la sortie». Sortie durement gagnée de l'acteur au bout de la pièce, à la fin de la partie, ou sortie enfin réussie du personnage qui accomplit enfin une action concrète ? «J'ouvre la porte du cabanon et m'en vais. Je suis si voûté que je ne vois que mes pieds, si j'ouvre les yeux, et entre mes jambes un peu de poussière noirâtre.»

En tout cas figures de départs, ni vraiment souhaités ni vraiment accomplis mais tentés parce que «ça change».

Hypothèses

Entre le monde extérieur et le monde intérieur, le temps extérieur et le temps intérieur, des superpositions.

Beckett ne donne pas de repères géographiques ou temporels. Ça ne se passe nulle part et n'importe quand, même si les plus anciens évoquent Sedan et les Ardennes (des noms de batailles !).

L'immobilité du monde. Les personnages immobiles pour cause d'infirmité occupent comme ils le peuvent l'espace qui leur est dévolu, à coups de trajets répétitifs de la cuisine à la chambre. Les voyages immobiles en fauteuil à roulettes de fortune se terminent de la même façon, par le retour au centre. Ils font un petit tour, de la chambre, de la scène ou du monde, c'est la même chose puisqu'ils regagnent leur point de départ. Ils miment l'activité et le mouvement, en s'aidant d'une gaffe s'il le faut, il n'y a rien, ne conduit nulle part, et pourtant ils bougent. Clov multiplie les aller et retour entre les deux fenêtres ; Nagg et Nell font des apparitions hors de leurs poubelles. A l'arrivée dans sa cuisine, Clov contemple le mur ou regarde sa lumière qui meurt. Il a à faire.

Cette «maison vide» est peut-être bien l'univers entier ou bien l'univers entier cette maison vide, interchangeables comme la sciure et le sable qui garnissent les poubelles. L'un et l'autre ne mènent nulle part. Les deux espaces butent sur des limites grises, un mur ou l'horizon, et le troisième espace, celui de la scène, s'arrête à la ligne d'une «foule en délire», un horizon de spectateurs à peine plus réel que le «fanal du canal», espace construit phonétiquement et qui n'existe peut-être que par le langage.

Le temps immobile. Est-ce que ça avance ? est la vraie question de la pièce. Le temps passe et ne passe pas, et on peut toujours lire la pièce comme une boucle sans fin, qui commence avec le réveil de Hamm et s'achève avec son coucher, encadrée par les mêmes rituels. Les «vieilles questions et les vieilles réponses» si appréciées de Hamm sont une des clefs de ce temps du ressassement. Brassage de souvenirs, faux espoirs et évocation lyrique du passé construisent un présent immobile et répétitif.

Pour le passage à la scène, l'espace à construire est caractérisé simplement. Espace clos, muré, vide dont il s'agit de sortir en sachant d'emblée que c'est impossible et que c'est déjà fini. L'espace-temps de la scène et celui de la fiction se confondent. L'espace fermé du plateau n'offre comme extérieur qu'une «cuisine» de trois mètres sur trois mètres qui s'apparente à une loge. Chaque représentation est comme finie au moment où elle commence (il ne se passera rien de nouveau) et pourtant il faut aller au bout en jouant le jeu et en attendant que ça suive son cours. Chaque journée est comme finie au moment où elle commence, et elle suit pour cela le même rituel. Chaque vie contient son achèvement dans son commencement. Emboîtement et spirale sont les figures dominantes de *Fin de partie*.

Espace vide et temps arrêté, là sont les difficultés de la représentation. Donner à voir un espace carcéral et un monde d'après la fin sont des tentations qui s'offrent à une mise en scène. Mais n'est-ce pas faire surgir le sens de manière trop directe et sans aucun humour, et donc perdre le contact avec le texte ? Il n'y a rien à jouer d'autre que l'immobilité et l'enlisement, dans le temps réel d'une représentation qui, elle, doit suivre son cours sans s'enliser dans l'ennui pontifiant de l'explication de texte métaphysique. C'est bien la force et la difficulté de ce texte.

6. Étude d'un extrait de dialogue

Nous ne faisons pas de remarques d'ensemble sur le «style» de Beckett – des études existent sur ce sujet –, mais nous appliquons les outils d'analyse précédemment décrits à un très court extrait. D'autres commentaires pourraient concerner d'autres passages, mais nous croyons que le travail sur un échantillon, choisi pratiquement au hasard, donne une idée assez juste des principales pistes concernant le fonctionnement du dialogue. Les répliques sont numérotées par nos soins.

1. Hamm. Tu me quittes quand même.
2. Clov. J'essaie.
3. Hamm. Tu ne m'aimes pas.
4. Clov. Non.
5. Hamm. Autrefois tu m'aimais.
6. Clov. Autrefois !
7. Hamm. Je t'ai trop fait souffrir. *(Un temps)* N'est-ce pas ?
8. Clov. Ce n'est pas ça.
9. Hamm *(outré)*. Je ne t'ai pas trop fait souffrir ?
10. Clov. Si.
11. Hamm *(soulagé)*. Ah ! Quand même ! *(Un temps. Froidement)*. Pardon. *(Un temps. Plus fort)*. J'ai dit, Pardon.
12. Clov. Je t'entends. *(Un temps)*. Tu as saigné ?
13. Hamm. Moins. *(Un temps)*. Ce n'est pas l'heure de mon calmant ?
14. Clov. Non.

(Un temps)

15. Hamm. Comment vont tes yeux ?
16. Clov. Mal.
17. Hamm. Comment vont tes jambes ?
18. Clov. Mal.
19. Hamm. Mais tu peux bouger.
20. Clov. Oui.
21. Hamm *(avec violence)*. Alors bouge ! *(Clov va jusqu'au mur du fond, s'y appuie du front et des mains.)* Où es-tu ?
22. Clov. Là.
23. Hamm. Reviens ! *(Clov retourne à sa place à côté du fauteuil)*. Où es-tu ?
24. Clov. Là.
25. Hamm. Pourquoi ne me tues-tu pas ?
26. Clov. Je ne connais pas la combinaison du buffet.

(Un temps)

Impressions générales

Les répliques sont très laconiques, souvent composées d'un seul mot. Nombreuses questions de Hamm, suivies de réponses minimales de Clov. (Sur 26 répliques, 9 questions, dont 8 posées par Hamm et 3 exclamations).

Du point de vue des règles de la conversation, c'est Hamm qui lance les sujets, nombreux et disparates, et qui mène le jeu. Les questions s'enchaînent sans aucune transition. Elles concernent aussi bien l'heure qu'il est que la fréquence des saignements de Hamm ou l'éventuel projet de meurtre de Clov sur Hamm, comme si tout était mis sur le même plan. Clov ne coopère guère et ne prend aucune initiative en matière de discours. Aucune règle de politesse, aucune précaution oratoire chez les deux interlocuteurs. Même quand Hamm demande pardon, c'est pour faire réagir Clov, puisqu'il répète le mot à deux reprises et plus fort.

L'implicite comme règle

Les personnages semblent se connaître parfaitement puisqu'ils procèdent sans cesse par allusion et que leur conversation repose sur l'implicite. Ils savent de quelles maladies souffre l'autre, et ils n'apportent jamais de précisions sur aucun sujet. Ceci donne un dialogue très ouvert du point de vue du sens, puisqu'aucun des deux locuteurs ne prend la peine d'expliciter sa pensée par le discours. Ils présupposent à chaque fois que le contexte est connu.

Aucun des deux ne manifeste non plus de surprise ou d'étonnement devant les assertions de l'autre, si bien que les répliques dépassent rarement la paire adjacente, l'absence de relance provoquant un effet immédiat de bouclage, proche de la mécanisation (15 à 20 par exemple). Ainsi, il est courant dans l'usage ordinaire, après avoir demandé des nouvelles de la santé de son interlocuteur, de réagir à sa réponse, pour manifester de l'apitoiement ou placer une marque quelconque d'intérêt. Ça n'est jamais le cas ici, où une nouvelle réplique est lancée sans qu'il y ait le moindre signe d'enregistrement de ce qui a été dit précédemment. Tout se passe comme s'ils ne s'écoutaient pas, (pourtant, ils entendent ce que l'autre dit) ou comme si le sens de la réponse de l'autre leur était indifférent.

Il y a cependant insistance de la part d'un des deux énonciateurs,

Hamm en l'occurrence, quand la réaction de son partenaire ne lui
convient pas, comme si un schéma conversationnel était prévu et
que celui-ci n'était pas suivi (7 à 11). Son «je t'ai trop fait souffrir»
n'entraînant pas la réponse positive qu'il attend (et non la dénégation,
comme dans le schéma ordinaire), Hamm réitère jusqu'à ce qu'il
obtienne satisfaction. Il en est de même pour les «pardon» successifs
qui ne provoquent chez Clov qu'un signal de bonne réception et un
enchaînement sur un autre sujet (12). Hamm affectionne les postures
pathétiques alors que Clov se montre encore plus discret sur ce
terrain (10).

L'information

La conséquence de l'implicite entre les personnages est la sous-
information du lecteur. Nous n'apprenons *rien* sur leur passé, leurs
rapports affectifs, cet autrefois marqué d'un point d'exclamation,
sur les souffrances de Clov. A travers le laconisme des personnages,
Beckett fait le choix d'une information rare et distillée au compte-
goutte. Nous pouvons en déduire soit que ces informations n'ont
guère d'importance, soit que cette écriture ouverte pousse aux
conjectures.

Le dialogue est si «troué» qu'il réclame du lecteur une grande
coopération, puisqu'il lui est livré sans commentaires. Ainsi, les
répliques 25 et 26 réclament à elles seules quantité de gloses.
Pourquoi Hamm s'attend-il à ce que Clov le tue ? Pourquoi Clov ne
dénie-t-il pas, comme s'il trouvait normal la question ? Il ne se situe,
par sa réponse, ni sur le terrain de la morale, ni sur celui de
l'affectivité, du regret ou de la fourberie, mais sur celui de la
pragmatique. Bien entendu, nous ne savons rien et nous ne saurons
rien du buffet et de sa combinaison qui l'empêchent de se livrer au
meurtre. Une fois encore, Hamm ne manifeste pas, comme s'il
s'attendait à cette réponse, ou comme si son évidence même rendait
tout commentaire inutile. Le sujet dramatique du meurtre de Hamm
s'arrête abruptement comme il avait commencé, la réponse de Clov
engendrant le silence. Nous en savons assez pour inventer le reste,
pour creuser seuls cette piste «dramatico-policière» ou pour
l'abandonner également.

Ce dialogue n'est pas absurde, comme on l'a dit quelquefois,
parce qu'il n'est pas traditionnel et que nous ne possédons pas toutes
les clefs du sens. Il se caractérise par une logique implacable. Le
«Alors bouge !» (21) de Hamm clôt impeccablement les échanges

précédents (15 à 20). L'ignorance de la combinaison du buffet comme obstacle au meurtre appartient au même registre logique, à la même franchise des personnages dénués de tout savoir-vivre et pas conséquent de toute hypocrisie verbale. La réponse ne paraît absurde que si l'on pense qu'il manque des chaînons explicatifs, ou si l'on raisonne à l'intérieur d'un système psychologique convenu.

Dans ce cas, tout paraît étonnant, la question de Hamm comme la réponse de Clov, si nous les lisons avec les présupposés de ceux qui se sont installés dans un récit policier (Clov trouvera-t-il la combinaison du buffet, où se trouvent, au choix, les armes, l'héritage, la clef de la maison ?) ou pathétique (le fils adoptif tue son père qu'il n'aimait plus depuis longtemps et que le faisait souffrir).

A l'intérieur de l'œuvre, cet échange est une sorte de concentré de répliques où se télescopent celles qui ont trait au départ de Clov (1 et 2), à l'absence d'amour (3 à 6), au sadisme de Hamm (7 à 11, 15 à 21). Voilà des raisons traditionnellement crédibles pour un meurtre, et ce ne sont pas celles-là qui sont énoncées par Clov, peut-être parce qu'elles sont trop évidentes ou que Hamm les attend, mais celle, bien plus logique et implacable, (un bouclage parfait du passage) qui ne fournit qu'une raison matérielle.

Il n'y a pas d'effet de coq-à-l'âne dans l'enchaînement de ces répliques quand on les inscrit à l'intérieur de l'œuvre et quand on renonce à chercher aux énoncés des explications psychologiques attribuées aux personnages avant qu'ils aient prononcé un mot.

Toute parole est gagnée sur le silence

Les nombreuses indications scéniques marquant *«un temps»* ponctuent le texte. La parole met du temps à advenir et elle s'arrête souvent, ce qui donne au texte, quand on respecte ces pauses, le rythme un peu hoquetant d'une conversation qui ne se développe jamais, comme autant de démarrages avortés alors qu'ils sont à peine entamés.

Le laconisme déjà signalé prend plusieurs formes. Tout d'abord, les réponses sont rarement développées, comme si, face à plusieurs choix possibles, la solution minimale était toujours adoptée. Plusieurs répliques de Clov ne dépassent pas un mot (4, 6, 10, 14, 16, 18, 20, 22, 24), et souvent un mot très bref («non», «si»). Pourtant, certaines assertions de Hamm (3) réclameraient explications ou commentaires. Les répliques de Clov, dans leur brièveté, sont catégoriques («non») ou allusives («autrefois !»). Elles peuvent aussi laisser entendre qu'être plus long serait inutile, et que l'information est déjà connue et qu'elle ne connaît aucun changement («mal»). Parfois, elles ne font pas double usage avec l'image, en dépit du fait que Hamm est aveugle. «Là» suffit à préciser les positions de Clov, données par les indications scéniques. La voix de Clov sert de repère à Hamm et ses déplacements n'ont pas besoin d'autres commentaires. Comme on sait que Clov prend rarement l'initiative de la parole (sauf en 12, mais il y est comme forcé), s'il ne s'agissait que de lui, il n'y aurait pas de dialogue et tout serait silence.

Face à un partenaire aussi peu coopératif, Hamm est un peu plus bavard, mais reste cependant économe de ses constructions syntaxiques qu'il préfère (tout au moins dans ce passage) simples, directes ou répétitives. Il parle ici à partir de quelques formules de base qu'il redouble ou qu'il modifie légèrement (7 et 9, 11, 15 et 17, 21 et 23). Cela donne l'impression qu'il a peu de «patrons» syntaxiques à sa disposition ou qu'il n'en utilise que peu, par économie ou parce qu'ils suffisent pour ce qu'il a à dire à Clov. Les redoublements de répliques confirment cette impression ; c'est une façon de parler à un sourd, à un simple d'esprit, ou d'insister jusqu'à ce que lui parvienne la réponse qui le satisfait. Cela donne aussi l'impression d'une mécanisation du langage qui ne se développerait que dans des directions fixées à l'avance.

Hamm sait ce qu'il veut entendre et a le pouvoir de l'obtenir à moindre frais. Clov n'a pas de raisons d'en dire plus que le strict nécessaire qui conviendra à Hamm. Les règles du dialogue sont étroitement fixées à l'avance et les «vieilles questions et les vieilles réponses» déjà connues. Il est peu utile dans ce cas de briser le silence, puisque le dialogue est forcément convenu et qu'il échappe difficilement à la lassitude et à l'ennui. Ça n'est pas non plus qu'ils se disent des choses absurdes, mais simplement qu'ils se redisent des choses qu'ils savent déjà, qu'ils se sont déjà dites ailleurs ou qui ne contiennent aucune information nouvelle.

Les discours des personnages confirment l'impression d'immobilité déjà repérée dans d'autres structures du texte. Ils ressassent, remâchent, dialoguent comme des joueurs de ping-pong qui connaissent toutes les astuces et tous les coups du partenaire. Ils continuent quand même à parler pour que «quelque chose suive son cours» et que la pièce se poursuive, avec le risque permanent que l'un des partenaires se fatigue du jeu et ne renvoie plus la balle. On ne peut pas dire qu'ils ne communiquent pas, mais qu'ils n'ont pas grand chose à communiquer, du moins par le langage, qui sert ici davantage à les faire se souvenir qu'ils existent qu'à entretenir une véritable conversation.

Toute amorce de dialogue dans ce texte exige des partenaires qu'ils arrachent chaque parole au silence, au vide et à l'immobilité qui les entoure.

7. Personnages

Beaucoup d'éléments concernant les personnages ont déjà été abordés, puisque, nous l'avons vu, ce sont des «carrefours» du sens. Nous ne reprenons ici que quelques informations spécifiques.

Identités

Le quatuor porte des noms étranges auxquels on peut trouver du sens en se référant à trois langues. Hamm (hammer) est le marteau en anglais ; les trois autres sont des jeux sur le mot clou en français (Clov), en anglais (Nell, nail) et en allemand (Nagg, nagel).

Hamm se réfère aussi au cabot (hammy) en argot de théâtre. C'est un personnage qui s'écoute parler avec complaisance, se réfère à la scène et au jeu, se sert des autres comme d'un public. Un seul marteau un peu cabotin donc, pour taper sur ces trois clous internationaux.

Pas d'identité sociale ou nationale précise, pas d'âge annoncé. Des noms comme des surnoms ou les pseudonymes de ceux qui ne sont de nulle part.

Infirmités

Un critère pertinent puisqu'ils sont tous infirmes. Hamm est aveugle, il saigne régulièrement et fait allusion aux battements d'une «petite veine». Nagg et Nell n'ont plus de jambes et Clov ne peut pas s'asseoir (colonne vertébrale déformée à l'extrême, hémorroïdes ?).

Aucun ne s'en plaint vraiment et on hésite à prendre trop au sérieux leur malheur. Beckett en fait l'objet de plaisanteries ou donne des explications cocasses (l'accident de tandem des parents). Difficile, donc, bien que leurs souffrances soient données comme réelles (par exemple, Hamm a un grand mouchoir taché de sang sur le visage), de s'engager dans la voie du pathétique, dans une galerie de portraits de monstres souffrants.

En fait, chacun souffre d'un handicap qu'il compense ou dont il s'accommode, comme s'il était naturel d'être incomplet. Ces handicaps créent des relations de dépendance. Nagg et Nell ne mangent pas sans l'intervention de Clov, Hamm a besoin de Clov pour sa promenade mais aussi pour avoir une vision du monde extérieur, où il n'y a d'ailleurs rien à voir (de là l'inutilité de la dérisoire «longue vue»). Clov, au service de tout le monde, n'a besoin de personne, bien que Hamm règne sur lui par le verbe. Personne, en tout cas n'a pitié de personne, et leurs relations sont dénuées de tout sentiment.

Aux infirmités s'ajoute le dénuement et la saleté. Mais là aussi, sans trace de pathos. Par exemple, la chasse aux morpions est l'occasion de jeux de mots à connotation sexuelle (coite/coïte).

On pourrait dire que les infirmités sont prétexte à spectacle et que toute donnée réaliste est immédiatement théâtralisée. Clov est un infirme champion de l'acrobatie sur escabeau, Hamm voyage en aveugle sur son fauteuil à l'aide d'une gaffe, les poubelles de Nagg et Nell, bien qu'elles les annoncent comme personnages-déchets, sont prétexte à apparitions et disparitions qui les apparentent à des marionnettes.

Relations

Hamm détient la nourriture et par là le droit de vie et de mort sur les autres qu'il peut rationner ou qu'il pourrait décider de clouer définitivement dans leurs poubelles-cercueils. Il entretient donc ses géniteurs et son fils adoptif à qui il rappelle qu'il a donné un «home». Il leur demande en échange de le servir et de lui obéir sans cesse (Clov), de l'écouter s'il le désire (Nagg). Tout lui appartient, le buffet, le chien, la gaffe, mais il ne peut rien faire seul. Il demande baisers et amour à Clov mais le provoque au départ ou au meurtre en l'interrogeant sur ses vrais sentiments.

Nagg a besoin de Nell pour qu'elle l'écoute, pour qu'elle le gratte puisque pour la bagatelle c'est terminé, même s'ils essaient encore de s'embrasser. Nagg regrette d'avoir eu Hamm pour fils.

Clov a des «rires brefs» pour les uns et les autres, qu'il sert – mais il ne sait pas pour quoi – et qui dépendent de lui. Il n'aime pas (plus) Hamm, mais il ne part pas aisément.

La sexualité et l'amour, s'ils ont existé, datent d'autrefois. Leurs relations restent réglées par des rituels qui s'apparentent à des sentiments qu'ils miment de temps à autre.

Humains et inhumains

En faisant allusion à plusieurs reprises à la représentation, les personnages s'avouent sur scène, occupés à se donner en spectacle. Cette dimension de théâtralité est décisive dans leur approche, même si elle est brouillée par d'autres allusions, métaphysiques celles-là, à la «scène du monde».

Par leurs infirmités, leurs manques, leurs demandes d'attention ou d'amour et leurs discours, on peut avancer qu'ils sont très humains, en tout cas qu'ils ont à voir avec la condition humaine. Par le caractère systématique des traits qu'ils cumulent, le burlesque de leurs silhouettes ou certaines de leurs actions proches du gag, ils appartiennent au monde de la scène ou même à celui du music-hall.

Cette double appartenance fait leur intérêt et leur complexité. Mécanisés à outrance, ils perdraient la dimension sensible dont on trouve les traces dans le texte, les moments d'inquiétude et la mémoire des petits bonheurs qui les humanisent, même de façon dérisoire. Mais, trop pathétiques, ils n'auraient plus de liens avec la famille des clowns dont ils ont le pantalon trop large ou la démarche étrange, le rire bref ou l'infernale logique du discours. Il serait réducteur d'en faire les porte-paroles symboliques d'un discours métaphysique, ou de purs duettistes de la «routine» du music-hall. C'est à la représentation de construire cet étrange cocktail en ne partant pas du sens à produire mais de chacune des facettes successives ou contradictoires qu'offre le texte.

7. A suivre

Le commentaire n'épuise pas un texte de cette importance, il n'offre que des pistes de réflexion. Nous avons évité toute allusion aux autres œuvres de Beckett aussi bien qu'au contexte théâtral de l'époque, aux ouvrages généraux ou à des représentations passées.

Notre projet était de partir du texte et de ne jamais le figer dans des certitudes trop absolues. Ceci n'empêche pas ensuite toutes les autres démarches convergentes ou contradictoires, à condition que le commentaire ne précède pas le texte, que l'étiquetage standard, du type «c'est du théâtre de l'absurde ou de l'avant-garde des années cinquante» n'occulte pas le dialogue attentif avec l'écriture, l'essai de «coopération textuelle».

Index des auteurs

Index des œuvres dramatiques

Imprimerie GAUTHIER-VILLARS, Paris
Dépôt légal, Imprimeur, n° 4694
Dépôt légal : août 1996   *Imprimé en France*
Dépôt légal, de la 1ʳᵉ édition : 4ᵉ trimestre 1993